클로징 멘트

이 길이 올바른 길이라는 걸 어떻게 말해야 할까

Closing Remarks

클로징 멘트

조재익

지나고 보니 이 하나하나가 모두
우리 역사였습니다

　2016년 5월 어느 날인가, 라디오 뉴스의 앵커를 해보겠느냐는 제의를 받았습니다. 앵커직도 뉴스 현장의 하나이니 기자로서 마다할 건 없었습니다. TV 앵커만 해봤던 저로서는 라디오 앵커에 대한 호기심도 있었습니다. 무엇보다 TV 앵커를 할 때처럼 의상이나 분장에 신경을 쓰지 않아도 된다는 게 좋았습니다. '오직 뉴스만 챙기고, 목소리만 카랑카랑하게 잘 관리하면 되겠다~'고 생각했습니다.

　그렇게 해서 맡은 프로그램이 KBS 1 라디오 오후 2시에 하는 종합뉴스 〈뉴스중계탑〉입니다. 기자들의 리포트와 단신 기사, 그리고 기자 출연으로 30분 동안 진행하는 프로그램입니다.

　하지만 막상 시작해 보니 쉽지 않았습니다. 때로 주요 뉴스의 기사가 뉴스 시작 직전에 출고돼 '앵커 멘트'(Anchor Lead)를 정리할 시간이 촉박하기도 했고, 재난이나 사건 사고 관련 기사는 뉴스를 전하는 중에 수치가 바뀌기도 해서 그야말로 생방송의 어려움은 TV 뉴스를 전할 때와 비슷했습니다.

그래도 즐거움이 있었습니다. 취재 기자들이 쓴 기사를 전달하는 본 뉴스가 끝나면, 청취자들에게 "뉴스중계탑, 오늘 여기서 마칩니다." 하고 마지막 인사를 하기 직전에 오롯이 '앵커의 시간'이 있었기 때문입니다. 우리나라 방송계에서 흔히 앵커 '클로징 멘트'라 부르는 (Closing Remarks(또는 Closing Comments) 시간을 가질 수 있었습니다. 미국 CBS 〈Evening News〉의 전설적 앵커였던 故 월터 크롱카이트(Walter Cronkite, 1916~2009)가 뉴스를 마치기 직전 시사(時事) 이슈에 평(評)을 달아 한마디씩 했던 그 'Sign-off'입니다.

이 시간은 앵커가 '클로징 멘트'를 '해도 그만, 안 해도 그만'이었지만 기자로서 또 앵커로서 그 시간을 쓰는 데 주저하지 않았습니다. 제게는 일종의 '특권의 시간'이었습니다. 특히 대중에게 미치는 영향력이 상대적으로 크다고 할 TV가 아닌 라디오 매체 뉴스이다 보니, 앵커의 '멘트'를 TV 앵커 때보다 '좀 자유롭게 할 수 있다'는 것도 제게는 큰 매력이었습니다.

낮 2시에 하는 뉴스여서 오전엔 좀 여유가 있을 것 같았지만 그렇지 않았습니다. 제 오전 시간은 늘 '클로징 멘트'를 할 그날의 이슈를 찾느라 보낸 시간이었습니다. 점심 식사 시간은 보통

20분도 안 돼 끝내야 했고, 식사를 거르는 때도 수시로 생겼습니다. 그만큼 '클로징 멘트'를 할 이른바 '말할 거리'를 찾기가 쉽지 않았고, 또 특정한 걸 찾았다고 해도 20초~30초 시간 분량으로 시사 문제에 대한 '촌철살인'이 되도록 '클로징 멘트'를 작성하는 것은 꽤 힘겹기도 했습니다.

정치·경제·사회·문화 등 전 분야의 뉴스를 들여다보고, 그 가운데 하나의 이슈를 선택해 제 나름의 코멘트를 하는 건 힘들어도 큰 즐거움이자 보람이었습니다. 하지만 청취자들의 정치 이념 스펙트럼은 극좌부터 극우까지 다양하고, 크게는 진보와 보수로 나뉘어 있습니다. 시사 문제를 보는 청취자들의 시각은 각양이어서 앵커의 말 한마디가 자칫 '편파성' '편향' 시비를 부를 수도 있다 보니 늘 조심스러웠습니다. 정치 이슈를 다룰 때는 '세심함'이 필요했습니다. '눈치'를 봤다기보다 '공정성 시비'를 낳지 말아야 했기 때문입니다. 그러다 보니 때론 '밥 먹으니 배부르다' 식의 밋밋하게 느껴지는 평을 할 때도 있었고, 듣기에 속 시원하지 않은 코멘트도 있었음을 인정할 수밖에 없습니다. 그렇다고 해도, 잘못한 게 있으면 대통령이든 총리든 비판에 주저하지 않았고, 여와 야를 가리지 않았습니다.

원고를 정리하면서 보니 제가 쓴 '클로징 멘트'에 등장하는 인물이 꽤 많았습니다. 대부분 인물이 뉴스의 중심에 있던 분들이었습니다. 당시 기준으로 문재인 대통령을 비롯해 윤석열 검찰총장, 이재명 경기지사, 이낙연 총리, 정세균 총리, 조국 법무부 장관, 추미애 법무부 장관, 나경원 새누리당 원내대표 등 정치인들이 자주 등장했습니다. 전두환, 이명박 등 전직 대통령들을 비롯해 故 박원순 서울시장, 오거돈 부산시장, 그리고 손혜원, 윤미향 등 국회의원들도 거명했습니다. 메이저리거 류현진 선수, 축구 스타 손흥민 선수, 철인 3종 경기의 故 최숙현 선수 등 스포츠인들도 있습니다. 고인이 된 설리와 구하라 씨 등 연예인들, 그리고 이재용 삼성 부회장을 비롯해 기업 회장님들도 제 '클로징 멘트'에 단골이었습니다. 장애인, 시골의 할아버지, 할머니 얘기까지 우리 사회와 주변의 많은 일들이 제 '클로징 멘트' 원고에 올랐습니다. 트럼프 미 대통령과 아베 일본 총리도 마찬가지입니다.

지나고 보니 이 하나하나가 모두 우리 역사였습니다. 그래서 단순히 제가 쓴 '클로징 멘트'를 소개한다기보다 제가 앵커를 맡았던 그 시기 우리 역사를 다시 펼쳐보는 것 같다고 느꼈습니다.

〈뉴스중계탑〉 앵커를 두 번에 걸쳐 맡았습니다. 한 번은 2016년 5월 23일부터 그해 8월 31일까지, 또 한 번은 2018년 10월부터 2020년 8월 6일까지입니다. 모두 합해 2년 남짓한 시간이었습니다. 일주일에 평일 닷새를 진행했으니 제가 쓴 '클로징 멘트'가 분량이 꽤 됐습니다. 하루하루 보관하던 그 원고를 보던 2023년 정월, 이 '클로징 멘트'들을 정리해 책으로 내도 좋겠다는 생각이 들었습니다. 기자 생활이 올해로 어언 32년이다 보니 지나간 그 시간을 정리하는 의미와 함께, 나름 '소금 역할'을 했다고 하는 기자로서 자부심도 있었습니다.

제가 방송했던 '클로징 멘트'들을 분량 문제로 모두 이 책 속에 넣지는 못했습니다. 여기에 싣는 '클로징 멘트'들은 원문 거의 그대로 옮겼습니다. 다만 오탈자는 바로잡고, 또 어떤 문장은 문법에 맞게 고치기도 했습니다. 특히 '클로징 멘트' 문장과 단어 줄 바꿈은 제가 앵커로서 읽기 쉽고 편하게 시(詩)를 적듯이 했었기에 책에도 그대로 옮겨 봤습니다.

저는 크롱카이트처럼 '명앵커' 소리를 들을 만한 자질과 소양이 부족합니다. 감히 비교도 할 수 없습니다.
그저 '이제 퇴직을 앞둔 한 기자의 삶과 노력이 배어있나 보다.'
부디 이 정도로 생각해 주시고 가볍게 읽어주십시오.

2023. 04. 10
조재익

2018

2019

2020

「고단하면 가끔씩 펼쳐 보셔요」
세상의 크고 작은 걱정과 한숨, 기대, 희망의 소리가 있습니다.

'16

판사 퇴직
교육

대법원이 퇴직을 앞둔 판사들에게
변호사 직업 교육을 하는 방안을
검토하고 있다고 합니다.

판사들이 법을 몰라서 또 교육받겠습니까?

정운호 네이처리퍼블릭 대표 사건에서 보듯
전관예우
브로커를 통한 사건 수임 등
법조비리가 문제니까,
판사들을 교육한다면
'윤리 교육'
여기에 집중하면 좋겠습니다.

뉴스중계탑, 오늘 여기서 마칩니다.
지금까지 진행에 조재익이었습니다.
청취자 여러분, 고맙습니다.

부모 책임
자식 책임

'언제까지 자녀를 돌봐야 한다고 생각하십니까?'

이런 질문에
'자녀가 혼인할 때까지 부모 책임'이라고
답한 부모가 열 명에 두 명 정도뿐이고요,
'자녀가 대학 졸업할 때까지만 책임'이라는
응답이 절반에 가깝다는
설문조사 결과가 나왔습니다.

부모 부양에 대한 자녀들의 책임 의식도
해마다 떨어지고 있다는
최근의 조사 결과를 보면,
자녀들이 부모들에게 일방적으로 '섭섭하다~'
이렇게 말할 건 아닌 것 같습니다.

뉴스중계탑, 오늘 여기서 마칩니다.
지금까지 진행에 조재익이었습니다.
청취자 여러분, 고맙습니다.

'충북 충주에 사는 한 뇌병변 장애인 여성이
동네 미용실에서 머리 염색을 했는데요,
무려 52만 원을 내라는 요구를 받았습니다.
미용실 원장은
'약품값이 비싸서 그렇다~'고 했다는데요.
납득하실 수 있습니까?

현재 이 여성은
'장애인이라고 무시를 당한 결과'라며
미용실 원장에게
진심 어린 사과를 받고 싶어 합니다.
이건 무리한 요구가 아니지 않습니까?

뉴스중계탑, 오늘 여기서 마칩니다.
지금까지 진행에 조재익이었습니다.
청취자 여러분, 고맙습니다.

2016. 06. 03

'한국 축구는 아시아만 벗어나면 종이호랑이'
'스페인은 예술 축구, 한국은 노동자 축구'
'개구리가 우물 밖에 나갔다가 혼났다'

슈틸리케 감독이 이끄는 우리 국가 대표팀이
스페인에 대패한 것을 두고
이런 자조 섞인 비판이 줄을 잇고 있습니다.

하지만 이번 경기가
우리 축구의 현실을 깨닫고
약점을 보완할 수 있는
좋은 계기가 될 줄 믿습니다.

비난보다 응원이 필요한 때 아닐까요?

뉴스중계탑, 오늘 여기서 마칩니다.
지금까지 진행에 조재익이었습니다.
청취자 여러분, 고맙습니다.

'나비처럼 날아 벌처럼 쏜다.'

이 유명한 말을 남긴
세계 권투의 전설, 무하마드 알리가
일흔네 살을 일기로
세상을 떠났습니다.

우리 5060 세대는
6-70년대 '흑백 TV 속 영웅'으로 기억되는
추억의 인물이기도 할 텐데요.

링 안에서는 '위대한 복서'로,
링 밖에서는 인종 차별에 맞서 싸운
'민권 운동가'로 살아온 알리.

세계는 또 한 명의 영웅을 잃었습니다.

뉴스중계탑, 오늘 여기서 마칩니다.
지금까지 진행에 조재익이었습니다.
청취자 여러분, 고맙습니다.

저커버그의
비밀번호

세계 최대 소셜 네트워크 서비스,
페이스북의 창업자이자 최고 경영자죠?
마크 저커버그는 트위터 비밀번호를
어떻게 썼을까요?
바로 다다다, dadada 이었습니다.

해킹당해 만천하에 공개가 돼서
이젠 바꿨을 텐데요.
흔한 비밀번호에,
그것도 알파벳을 반복적으로 썼으니
비밀번호 보안 수칙을 지키지 않은 셈이죠.

다른 건 몰라도
비밀번호를 정하는 덴
저커버그를 따라 하진 마십시오.
낭패를 당할 수 있습니다.

뉴스중계탑, 오늘 여기서 마칩니다.
지금까지 진행에 조재익이었습니다.
청취자 여러분, 고맙습니다.

동전
월급

백 원짜리 동전 만 7천 5백여 개,
5백 원짜리 동전 5천 2백여 개~

지난 9일 창녕에서
무려 2만 2천여 개 동전으로
밀린 월급을 받은 외국인 노동자들이 있습니다.
이마저도 사무실 바닥에 동전을 쏟아놓고
가져가라고 했다니,
이를 주워야 했던
이방인들이 얼마나 가슴이 아팠겠습니까?

이렇게 비 오는 날
우산을 받쳐주는 배려심,
역지사지~
이런 말이 떠오릅니다.

뉴스중계탑, 오늘 여기서 마칩니다.
지금까지 진행에 조재익이었습니다.
청취자 여러분, 고맙습니다.

롯데의
빈 서랍

검찰이 롯데그룹 본사와 계열사들에
압수수색을 하러 갔더니
금고며 사장·임원들 책상 서랍들이
대부분 싹 다 비어있었다고 합니다.
컴퓨터는 자료들이 삭제돼 복구도 못 한다고 하고,
문서세단기엔 파쇄돼 알아볼 수도 없는
쓰레기만 가득했다고 합니다.

조직적인 증거 인멸,
이게 아니면 설명할 길 없는 상황인데요.

롯데 경영권 다툼을 벌였던
이른바 '형제의 난' 때
'롯데의 투명성 제고' 운운했던 회장님,
그토록 감추고 숨길 게 많았습니까?

뉴스중계탑, 오늘 여기서 마칩니다.
지금까지 진행에 조재익이었습니다.
청취자 여러분, 고맙습니다.

공공기관
성과급

공공기관 경영평가 결과
116개 가운데 103개,
무려 90% 가까운 기관들이 C등급 이상을 받아
성과급 논공행상을 한다고 합니다.

청년 실업률이 여전히 높고,
집값은 오르고,
조선업 등에선 구조조정이 곧 닥치는 등
경제는 이리 힘든데,
공공기관에서 성과급 얘기가 나오니
듣기가 좀 불편합니다.

더욱이 대학 학점으로 쳐서
C 학점이면 그냥 보통 정도고,
이 학점으론
성적 장학금을 받기도 어렵지 않습니까?

뉴스중계탑, 오늘 여기서 마칩니다.
지금까지 진행에 조재익이었습니다.
청취자 여러분, 고맙습니다.

로마
첫 여성시장

2천 7백 년 로마 역사상 처음으로
로마에 여성 시장이 탄생합니다.

일곱 살배기 아들을 하나 뒀는데,
이 애가 두 살 때인 5년 전에
'내 아들이 지금처럼 엉망인 로마에서
살게 할 순 없다~'면서
정치에 뛰어들었다고 합니다.

바로 이런 생각이 정치의 '초심'일 텐데요.
우리 정치인들도 이런 초심만 지킨다면
국민들 눈살 찌푸리게 할 일은
없지 않겠습니까?

뉴스중계탑, 오늘 여기서 마칩니다.
지금까지 진행에 조재익이었습니다.
청취자 여러분, 고맙습니다.

부동산
책

한 대형서점에서
'올해 들어 어떤 책들이 많이 팔렸나?'
집계해 봤더니요.
부동산 분야 책 판매량이 가장 급증한 것으로
나타났습니다.
이 서점에서만 7만 권가량 팔렸다고 하는데
최근 10년 내 최고랍니다.

초저금리 시대에 굴릴 데를 찾는
돈이 많기 때문인지,
아니면
전월세로 내몰리는 서민들이
부동산에 눈을 돌려서인지는
몰라도,

독서 경향을 보면
국민들 고민이 무엇인지 알 것 같지 않습니까?

뉴스중계탑, 오늘 여기서 마칩니다.
지금까지 진행에 조재익이었습니다.
청취자 여러분, 고맙습니다.

번스타인의 희망

6·25 전쟁 때 피아노 연주를 들려주며
병사들의 마음을 어루만져주던
23살의 미군 병사가 있었습니다.
세이모어 번스타인,
내년이면 아흔이 되는 피아노의 거장인데요.

이 번스타인이
'북한에 가서 김정은에게 피아노를
레슨해 주고 싶다~'고 말했습니다.
김정은이 음악을 통해 개화·교화가
필요하다는 건데요.

'평화를 만들 수 있는 건
핵이 아니라 음악'이라는 거,
김정은이 이걸 깨달아야 하는데
기대하기는 힘들겠죠?

뉴스중계탑, 오늘 여기서 마칩니다.
지금까지 진행에 조재익이었습니다.
청취자 여러분, 고맙습니다.

기적?

지난달 영국의 작은 도시이자
만년 하위 성적의 레스터시티 축구팀이
프리미어 리그에서 우승해서
'기적'이란 말이 나왔었는데요.

이번엔 인구 33만 명의 아이슬란드가
유로 2016에서
잉글랜드를 꺾고 8강에 진출하는
파란을 일으켰습니다.

이번 역시 '기적'이란 말이 쏟아졌지만
이게 하늘에서 떨어진 기적이겠습니까?

축구에 금수저가 따로 있나?
노력하면 된다!
이런 걸 보여준 거 아닐까요?

뉴스중계탑, 오늘 여기서 마칩니다.
지금까지 진행에 조재익이었습니다.
청취자 여러분, 고맙습니다.

비상지도
체제

브렉시트를 비롯해
테러며 영토 분쟁이며
세계는 잠시 눈 돌릴 틈도 없이 바삐 돌아가고,
국내만 해도
구조조정에 집값 상승에
북핵, 미사일 도발에~
현안이 널렸습니다.

그런데 이를 챙겨야 할 여야 주요 정당 3곳이
공교롭게도 모두 비상 지도체제입니다.

정치가 국민을 보듬어야 할 텐데
오히려 국민이 정치를 걱정해야 하는 거 같아서
좀 착잡해지진 않으셨습니까?

뉴스중계탑, 오늘 여기서 마칩니다.
지금까지 진행에 조재익이었습니다.
청취자 여러분, 고맙습니다.

29메가 bps,
우리나라의 올 1분기 인터넷 평균 속도입니다.
전 세계 평균보다 5배가량 빠른 속도로
세계 1위입니다.

이렇게 빠르고 역동적인 나라인데
느리고 더딘 것도 수두룩합니다.

요즘 들어 말이 많이 나오는
국회의원 특권 폐지 등 정치 개혁은
대표적으로
더디고 느리게 진행되고 있지 않나~ 싶은데요.

우리가
세계에 인터넷 빠른 것만 자랑할 건
아니지 않을까요?

뉴스중계탑, 오늘 여기서 마칩니다.
지금까지 진행에 조재익이었습니다.
청취자 여러분, 고맙습니다.

2016. 07. 06

장맛비에 피해가 곳곳에서 났습니다.

폭우가 쏟아지던 어제 그 시간에
국회에선 막말과 고성이 오갔습니다.

20대 국회는 좀 달라지겠다~약속 했었는데
초반부터 보기가 민망합니다.

비에, 더위에,
경기도 안 좋아서
국민들 힘든데
'의원들 때문에 짜증이 난다~'
이런 말은 안 들렸으면 좋겠네요.

뉴스중계탑, 오늘 여기서 마칩니다.
지금까지 진행에 조재익이었습니다.
청취자 여러분, 고맙습니다.

강정호 선수
성폭행 혐의

미 프로야구에 진출한 강정호 선수가
성폭행 혐의로
미국 경찰의 조사를 받는다는 소식에
팬들의 충격과 실망이 대단합니다.
혐의가 사실이라면
'스타도 사람인데~' 하면서
관대히 넘어갈 수 없는
너무 큰 중대 범죄입니다.

이렇게 또 한 명의 스타,
또 한 명의 우상을 잃는가 싶어
상실감이 큰 팬들을 생각해서라도

우리 스타님들,
멋진 모습만 보여주십시오.

뉴스중계탑, 오늘 여기서 마칩니다.
지금까지 진행에 조재익이었습니다.
청취자 여러분, 고맙습니다.

대학생들의
여름방학

'이번 여름방학에 무엇을 할 계획입니까?'
한 취업포털이 대학생들에게 이렇게 물었더니,
'취업 준비'라는 답이
절반을 넘었다고 합니다.
도서관엘 다니고 학원엘 가야한다는 겁니다.

이 시대 청년들의 고민이 무엇인지 읽힙니다.

젊은이들이
'방학에 배낭을 메고 여행을 가는 낭만',
이런 건 옛말이 됐나 싶은데요.
좀 쓸쓸해지지 않습니까?

뉴스중계탑, 오늘 여기서 마칩니다.
지금까지 진행에 조재익이었습니다.
청취자 여러분, 고맙습니다.

한 젊은
검사의 죽음

회계법인이 제대로 눈만 뜨고 있었다면
대우조선의 수조 원대 회계 비리가 가능했을까?
지나간 역사에 가정은 없다지만
이런 의문이 들었습니다.

이번 검사 자살사건 뉴스를 보면서는,
검찰이 조직문화를 이렇게 관리하지만 않았다면
한 젊은 검사가
이리 죽음으로 내몰리진 않았을 텐데~하고
묻게 됩니다.

분명한 건,
이런 잘못된 일들은 다 피해 갈 수 있었고
다 막을 수 있던 일이었다는 거~
이거 아니겠습니까?

뉴스중계탑, 오늘 여기서 마칩니다.
지금까지 진행에 조재익이었습니다.
청취자 여러분, 고맙습니다.

'민중 개·돼지'
망언

'민중은 개·돼지'라는
교육부 국장의 망언.
비록 술자리였다곤 해도
고위 공직자의 자질을 의심케 하는 말이었습니다.

공무원 공채시험마다
경쟁률이 수십, 수백 대 1을 넘을 만큼
요즘 공무원 되는 게 인기라곤 하지만요,

이번 망언을 보니
공무원 뽑을 때 중요한 건
시험성적이 아니라
국민에게 겸손하게 봉사할
'인성과 양식'이 아닐까~
이런 생각 들지 않습니까?

뉴스중계탑, 오늘 여기서 마칩니다.
지금까지 진행에 조재익이었습니다.
청취자 여러분, 고맙습니다.

입사
지원서

구직자들이 입사 지원서를 쓰는데
'회사에서 혈액형, 부모님 직업, 취미......
이런 걸 다 쓰게 하더라~'는
설문조사 결과가 나왔습니다.
'직무와 관련 없는 정보를 왜 쓰게 하나?'
당연히 이런 불만이 많았습니다.

이런 걸 보면, 우리 기업들은
아직도 7-80년대 관행에서 벗어나질 못했나?~
의문이 들기도 하는데요.

부모 직업, 취미~그게 그리 중요한 것인지,
영화 대사처럼
기업들에게 이렇게 물어봐야 할까 봅니다.

'뭣이 중헌디?~'

뉴스중계탑, 오늘 여기서 마칩니다.
지금까지 진행에 조재익이었습니다.
청취자 여러분, 고맙습니다.

피카츄

닌텐도의 증강현실을 이용한 포켓몬고 게임이
미국 등지에서 돌풍을 일으키고 있습니다.
포켓몬의 주인공이죠,
'피카츄가 망해가는 회사를 살렸다~'는
말이 나올 만큼
장사가 잘된다고 하는데요.

피카츄는 이제
만화영화의 귀여운 주인공을 넘어
혁신해야 살 수 있다는 걸 보여주는
'혁신의 상징'이 되지 않을까요?

뉴스중계탑, 오늘 여기서 마칩니다.
지금까지 진행에 조재익이었습니다.
청취자 여러분, 고맙습니다.

개혁 외치는
검찰

전직 검사장 구속에 이어서
검찰사상 최초의 현직 검사장 구속.
'벤츠 여검사'에 '그랜저 검사',
그리고 이번엔 '제네시스 검사장' 소리까지 나온
검찰의 부패와 비리를 보면서

'법 말고 다른 걸 갖고 사는 이들이 많구나~'
이렇게 새삼 느끼게 됩니다.

검찰이 이젠 변하겠다고 '개혁'을 말하는데
먼저
국민들의 상실감과 분노의 목소리부터
경청하는 게
순서일 것 같습니다.

뉴스중계탑, 오늘 여기서 마칩니다.
지금까지 진행에 조재익이었습니다.
청취자 여러분, 고맙습니다.

받아쓰기

'초등학교 1학년 땐
어려운 받침이 들어가는
받아쓰기를 시키지 않도록 하겠다~'

교육부가 내년부터 이렇게 하겠다고 하는데요.
한글을 사교육이 아닌 공교육에서
책임지고 가르치고,
한글을 배우는데
흥미를 잃지 않도록 하겠다는 겁니다.

이런 신선한 정책을 접할 때마다
드는 생각은
'왜 진작 이렇게 못했나~' 하는 건데요.

늦었더라도 좋은 건 해야 하지 않겠습니까?

뉴스중계탑, 오늘 여기서 마칩니다.
지금까지 진행에 조재익이었습니다.
청취자 여러분, 고맙습니다.

나라의 설움

'독도는 일본 땅'이라는 일본의 거듭된 억지.
그리고 사드 배치에 대한
중국의 '대국 소국' 운운.
'주한미군 철수'까지도 거론하는
미국의 대선 후보.

이런 걸 보면
'나라가 부강해야 설움을 안 당하지~' 하는
당연한 말이
새삼 가슴에 와닿습니다.

이 여름,
우리 정부와 정치권
두 눈 부릅떠야 하겠습니다.

뉴스중계탑, 오늘 여기서 마칩니다.
지금까지 진행에 조재익이었습니다.
청취자 여러분, 고맙습니다.

이나다
도모미

2016. 08. 04

이나다 도모미란 극우 성향의 여성 정치인이
일본의 새 방위상이 됐는데요.
오는 15일 일본의 2차 대전 패전일에
일본 군국주의의 상징으로 여겨지는
야스쿠니 신사를 참배할 가능성을 언급했습니다.

여기에 미 국무부가 점잖게 충고했습니다.
"역사 문제엔
치유와 화해를 촉진하는 방향으로 임해야 한다."

여기에 하나를 더 덧붙이고 싶은데요.
'잘못된 역사엔 먼저 반성과 사과가 따라야 한다~'

뉴스중계탑, 오늘 여기서 마칩니다.
지금까지 진행에 조재익이었습니다.
청취자 여러분, 고맙습니다.

대통령 딸이
식당에서 아르바이트를 하고 있습니다.

바로 미국 오바마 대통령의
작은 딸인 15살 샤샤 얘긴데요.
해산물 레스토랑의 테이크아웃 코너에서
손님도 맞고 빈 접시도 치우면서
여름방학을 보내고 있습니다.

하기야 대통령 딸이라고
용돈을 국민 세금에서 주진 않을 테니
벌어서 쓰겠다는 게 당연한 듯 보이지만요,
'부모에게 기대 살지 않겠다'는 정신
대견하지 않습니까?

날이 더워서 그런지 더 신선하게 들립니다.

뉴스중계탑, 오늘 여기서 마칩니다.
지금까지 진행에 조재익이었습니다.
청취자 여러분, 고맙습니다.

아기엄마의
시민정신

"담뱃불 좀 꺼주세요."
이 한마디에 아기엄마의 뺨을 때린
50대 남성 얘기가 인터넷을 달구고 있습니다.

담배를 피우던 자리가
금연 구역인 지하철역 입구이고,
아기엄마는 7개월 된 딸을
유모차에 태우고 있었는데요.
누가 봐도 남성이 잘못한 거죠~

뺨을 맞은 아기엄마를 먼저 위로해주고 싶은데요,
이 위로에 더해
'잘못을 잘못이라 말하고 시정하라'고 한
그 시민정신은
상을 줘야 마땅하지 않을까요?

뉴스중계탑, 오늘 여기서 마칩니다.
지금까지 진행에 조재익이었습니다.
청취자 여러분, 고맙습니다.

올림픽
이변

리우올림픽에서 이변이 속출하고 있습니다.

세계 테니스 황제 조코비치가 단식 1회전에서 패했고,
금메달을 확정한 거나 다름없다던 윌리엄스 자매도
테니스 복식에서 초반 탈락하며 눈물을 삼켰습니다.

네이마르까지 출전한 세계 최강 브라질 축구는
안방에서 무승부만 기록했습니다.

사실
'고개 숙인 일인자들의 눈물'보다는
'일인자들을 꺾은 도전자들의 숨은 노력'을
찾아내는 게 뉴스일 것 같은데요.

땀방울이 만들어낸 기적을 볼 수 있는 올림픽,
밤잠 설쳐가며 볼만하지 않습니까?

뉴스중계탑, 오늘 여기서 마칩니다.
지금까지 진행에 조재익이었습니다.
청취자 여러분, 고맙습니다.

박상영 선수의
'할 수 있다!'

1998년
US 여자 오픈 골프대회에서
양말을 벗고 물에 들어가 공을 쳐올리던
박세리 선수의 그 명장면을 기억하십니까?
IMF 경제체제를 맞는 등 힘겨워했던 온 국민에게
용기를 불어넣어 줬는데요.

이번 리우올림픽에서
우리는 또 한 번의 감동을 맛봤습니다.
펜싱의 박상영 선수.
모두가 이젠 졌다고 생각하던 그 순간에도
포기하지 않고 '할 수 있다!'고 외친 그 모습은
온 국민에게 희망과 용기를 전해줬습니다.

청취자 여러분, 우리도 외쳐볼까요?
'할 수 있다!'

뉴스중계탑, 오늘 여기서 마칩니다.
지금까지 진행에 조재익이었습니다.
청취자 여러분, 고맙습니다.

진경준 검사장
해임

이른바 '주식 대박' 논란을 일으켰던
진경준 검사장이 오늘 해임됐습니다.
검사장이 비리 혐의로 해임된 건
68년 검찰 역사상 처음이라니
검찰에도 큰 상처가 남을 게 분명해 보입니다.

굳이 멀리 가지 않고
정운호 네이처리퍼블릭 대표의
'구명 로비 의혹' 사건만 봐도
전직 검사장이 등장하고
현직 부장판사 이름도 오르내리는 걸 보면

우리 검찰과 법원,
개혁이든 혁신이든
뭐라도 해야 하지 않겠습니까?

뉴스중계탑, 오늘 여기서 마칩니다.
지금까지 진행에 조재익이었습니다.
청취자 여러분, 고맙습니다.

'김영란법' 설명회

한 달 남짓 지나면
이른바 '김영란법'이 시행에 들어가는데요.
요즘 대기업들마다
이 김영란법을 위반하지 않도록 주의하라는
사원 설명회가 한창이라고 합니다.

이렇게 강의 자리까지 만드는 걸 보면
그동안 우리 기업들 관행이
김영란법에 걸릴 게 많다는 걸 방증한다~
이런 생각도 듭니다.

김영란법, 간단하지 않습니까?

'갑에게 주지 말고,
을에게서 받지 말자~'

뉴스중계탑, 오늘 여기서 마칩니다.
지금까지 진행에 조재익이었습니다.
청취자 여러분, 고맙습니다.

"강경 노조의 파업으로
건실하던 콜트악기 회사가 문 닫았다."

지난해 이렇게 말했던
새누리당 김무성 전 대표가 기자회견을 갖고
이 발언에 대해 사과했습니다.

노조 파업으로 문을 닫은 게 아니라는
법원 판결에 따른 것이라고는 해도
정치인이 자신의 잘못을 인정하고
사과하는 모습은 보기 좋습니다.

변명과 발뺌,
이런 걸 정치력이라고 여기는 인식이
우리 정치권에 있는 건 아닐까?~싶은 때가 많은데요.
그래서 김 전 대표의 사과가 더 돋보이나 봅니다.

뉴스중계탑, 오늘 여기서 마칩니다.
지금까지 진행에 조재익이었습니다.
청취자 여러분, 고맙습니다.

만리장성이 중국을 넘어 한반도까지 뻗어 있는
왜곡된 세계지도가
미국 LA의 미술관에서 전시되고 있는 게
확인됐습니다.

'한반도도 중국의 일부'였다는
이른바 동북공정 차원에서
이런 지도를 만들었을 가능성이
제기되고 있는데요.

일본의 난징 대학살 등에 대한 역사 부정엔
분노하는 중국이
어떻게 역사를 왜곡하며
중화를 꿈꾸는지~,

참 어이없는 일 아닙니까?

뉴스중계탑, 오늘 여기서 마칩니다.
지금까지 진행에 조재익이었습니다.
청취자 여러분, 고맙습니다.

2003년 모스크바
고르바초프재단에서 고르바초프
전 대통령 인터뷰 취재 뒤

2007년 노무현 대통령
스페인 방문시 호텔 기자실에서
기사를 송고하는 저자

’18

2006 독일 월드컵
조별리그 한국 vs 토고 경기
응원 당시

타이거 우즈의
눈물

골프 황제로 불리는 타이거 우즈가
어제 눈물을 훔쳤습니다.
미국과 유럽연합 간의 남자골프 대항전인
라이더컵 대회에서 미국이 지자,
우즈는 "나 때문에 졌다"며
고개를 숙였습니다.
'컨디션이 나빴다.'
'파트너와 호흡이 안 맞았다.' 등
변명거리가 많을 텐데도
우즈는 '내 탓이오' 하며
반성하고 사과했는데요.

서로 '네 탓이오'만 외치는
우리 정치권 모습과는 아주 다르지 않습니까?

뉴스중계탑, 오늘 여기서 마칩니다.
지금까지 진행에 조재익이었습니다.
고맙습니다.

'우리 사회에서 성공하기 위해
가장 필요한 요소가 뭐라고 생각하십니까?'
이렇게 한 주요 포털 회사가
성인 남녀 1,300여 명을 대상으로
질문을 했는데요,

10명 가운데 4명 가까이가
'성공하는 데는 부모님 재력이 필요하다.'
이렇게 응답했다고 합니다.
'흙수저 금수저' 얘기의 '이른바 '수저 계급론'이
우리 사회에 엄연히 존재하는 현실이다'라고
답한 이도
10명에 9명이나 됐습니다.

들으면 좀 쓸쓸하기도 한데요,
그렇더라도
'자신이 흙수저일지라도 노력하면
금수저를 능가할 수 있다.'
이렇게 생각한다는 응답은
10명에 7명이 넘었습니다.

이 응답을 보면,
'우리 사회에 희망이 있다.'
이런 생각 들지 않습니까?

뉴스중계탑, 오늘 여기서 마칩니다.
지금까지 진행에 조재익이었습니다.
고맙습니다.

국회에선 국정감사가 한창입니다.
국감 때마다 야당은
정부를 공격하는 창 역할을,
여당은 이를 방어하는 방패 역할을
주로 맡곤 하는 데요,
국감을 하는 기본 취지는
'한 해 정부나 공기관이
제대로 일을 했느냐~' 짚어서
못한 게 있으면 잘하도록 개선 시키는 것이니까
사실 여야가 따로 있을 일도 아닙니다.

부디 '송곳국감' '민생국감' 소리가
나왔으면 좋겠습니다.

뉴스중계탑, 오늘 여기서 마칩니다.
지금까지 진행에 조재익이었습니다.
고맙습니다.

AI
스피커

지난해 아마존의
인공지능 AI 스피커에게 결혼하자고
청혼한 사람이 100만 명에 이르렀다고 합니다.

"우리는 다른 곳에서 서로의 삶을 살고 있어요.
당신은 지구에,
저는 가상공간에 있는데 결혼이라니요?"

AI 스피커가 이런 말로 100만 명 모두
퇴짜를 놨다고 하는 데요,
청혼이야 장난이었겠지만
그만큼 '외로움을 느끼는 현대인이 많구나'
이런 생각도 듭니다.

이제 낙엽 지는 가을이니
AI 스피커가 더 바빠질까요?

뉴스중계탑, 오늘 여기서 마칩니다.
지금까지 진행에 조재익이었습니다.
고맙습니다.

원장님들
쌈짓돈

명품백을 사고,
아파트 관리비도 내고,
유흥비로도 쓰고~

정부의 예산 지원을 받는 많은 유치원에서
원장님들이 나랏돈으로
이런 비리를 저지르다 적발됐습니다.
이 돈들은 다 아이들 잘 가르치고 잘 먹이고,
또 선생님들 처우도 개선해주라는 거였는데요,
그야말로 원장님들 쌈짓돈으로 쓰였습니다.

비리 유치원이야 말할 것도 없지만
국민 세금을 지원금으로 줬던 교육 당국은
그동안 뭘 하고 있었는지 참으로 통탄할 일입니다.

뉴스중계탑, 오늘 여기서 마칩니다.
지금까지 진행에 조재익이었습니다.
고맙습니다.

요즘 이재명 경기지사가
'몸에 점이 있냐? 없냐?'를 두고
언론은 물론이고 시민들 SNS에서까지
말들이 많습니다.
이 지사가 경찰 입회 아래
검증을 해 보이겠다고까지 했는데요.
10년 전 가수 나훈아 씨가 울분을 삭이며
기자들 앞에서 바지 지퍼를 내리려 했던 사건이
떠 오릅니다.

'우리는 지금 과연 문명사회에 살고 있는가?'
이런 질문을 해보게 되지 않습니까?

뉴스중계탑, 오늘 여기서 마칩니다.
지금까지 진행에 조재익이었습니다.
고맙습니다.

낙선
경고

이번 국감에서
비리 유치원 명단을 공개한 의원은
동료 의원들로부터 이런저런 우려를
많이 들었다고 합니다.
'유치원을 건드리면
다음 총선에서 낙선할지 모른다.
그러니 조심하는 게 좋지 않겠나?'
이런 거였는데요.
그만큼 유치원 원장님들이
학부모들이나 지역사회에
영향력이 강한 모양입니다.

그렇지만 곪은 데가 많은 게 드러난 마당이니
교육 당국은
이번에는 제대로 수술하기를 기대합니다.

뉴스중계탑, 오늘 여기서 마칩니다.
지금까지 진행에 조재익이었습니다.
고맙습니다.

'아빠 찬스'

서울 모 여고에서
선생님인 아버지가 쌍둥이 딸에게
시험문제를 유출했느냐를 두고
수사가 진행 중인데요.
이번엔 모 국립대에서
학생이 교수인 아버지 강의를 듣는 것마다
모두 A플러스를 받고 장학금까지 받았다 해서
논란이 일고 있습니다.

우리 사회 '흙수저 금수저' 얘기에 이어서
이젠
'교사 부모, 교수 부모 없으면
서러워 어찌 살까?' 하는
얘기까지 나오는 거 아닌지 모르겠습니다.

뉴스중계탑, 오늘 여기서 마칩니다.
지금까지 진행에 조재익이었습니다.
고맙습니다.

천 원짜리
지폐

저는 천 원짜리 지폐 한 장을 들고
한참을 들여다봤습니다.
서울 강서구 PC방에서의 아르바이트생 살인사건이
'게임이용료 천 원을 환불받지 못했다' 해서
싸움이 나고
분노 범죄로 이어졌다고 하니,
새삼 '천 원이 뭐길래?' 하는
안타까움이 들었기 때문입니다.

지금 우리 사회에
작은 일에도 쉬 분노하는 경우가
늘고 있는 건 아닌지
돌아보게 되는데요.

'배려와 존중',
우리에게 필요한 게 바로 이것 같습니다.

뉴스중계탑, 오늘 여기서 마칩니다.
지금까지 진행에 조재익이었습니다.
고맙습니다.

일본 영토
장관

독도가 일본 땅이라고 주장하는
일본의 억지 주장이 어제오늘 일은 아니지만요,
요즘 부쩍 잦아지고 있습니다.
최근 일본의 영토 담당 장관이
'독도는 거리로도 한국보다는 일본 오키섬에서
가장 가깝다'면서
독도가 일본 땅이라고 주장했는데요.

이에 서경덕 교수가 이 장관에게
이런 내용의 편지를 보냈습니다.

"독도는 울릉도에서 87.4킬로미터,
오키섬에서는 157.5킬로미터입니다.
제발 공부 좀 하세요."

일본의 영토 장관,
창피한 건 알까 모르겠습니다.

뉴스중계탑, 오늘 여기서 마칩니다.
지금까지 진행에 조재익이었습니다.
고맙습니다.

노부부의
기부

30여 년 과일가게를 하며
평생 모은 돈을 대학에 기부한
구순 팔순의 부부가 있습니다.
서울 청량리에 사시는
김영석 할아버지, 양영애 할머니 부부인데요.
무려 400억 원 가치의 땅과 건물을
형편이 어려운 학생들을 위해 써달라고
선뜻 내놓은 그 뜻에
절로 고개가 숙여집니다.

남들이 안 입겠다고 내어놓은 옷을 얻어다 입으며
환갑, 칠순, 팔순 잔치도 마다하며
모은 돈이라고 하니
얼마나 값진 돈이겠습니까?

이 가을,
우리에게 큰 감동을 선사했습니다.

뉴스중계탑, 오늘 여기서 마칩니다.
지금까지 진행에 조재이이었습니다.
고맙습니다.

카터 전 대통령의
편지

지미 카터 전 미국 대통령이 올해 나이 94세인데요.
고향인 조지아주의 국무장관에게
편지를 썼다고 합니다.
이 국무장관이
코앞으로 다가온 주지사 선거에 후보로 나서는데,

'후보가 선거관리를 책임지는 국무장관에 앉아있으면
공정한 선거가 되겠느냐. 그러니 물러나라.'
이런 편지였습니다.

누가 들어도 합당한 요구 같습니다.
이 뉴스를 들으면서요,
우리도 정치 경제 사회 등 각 분야에
원로들이 있을 텐데
그 식견과 혜안을 자주 좀 접했으면~ 하는
생각이 들었습니다.

뉴스중계탑, 오늘 여기서 마칩니다.
지금까지 진행에 조재익이었습니다.
고맙습니다.

오늘 청와대 여야정 회의 오찬에
탕평채가 나왔다고 합니다.
녹두묵과 고기볶음, 미나리, 김 등이 어우러진
탕평채는 조선 영조 때
내편 네편을 가르지 않겠다는 탕평책을 논의하며
먹었다 해서 이름이 붙여졌다는데요.

여야가 자주 만나
이 탕평채를 자주 좀 드시면서
민생을 위한 정책을 만들고
협치 얘기를 하면 좋겠다~하는 생각이 들었습니다.

아예 여야정 회의 때마다
상시 메뉴로 정하라고
청와대 청원을 넣어보는 건 어떻겠습니까?

뉴스중계탑, 오늘 여기서 마칩니다.
지금까지 진행에 조재익이었습니다.
고맙습니다.

'죽을래?'
'죽여라!'
'너 나와.'
'한 주먹도 안 되는 게~'

제가 방송에서 싸우는 줄 알고
청취자 여러분들 놀라셨습니까?

어제 국회에서 이런 막말 싸움이 벌어졌다 해서
제가 옮겨 본 겁니다.
얼핏 들으면 초등학생들이 싸웠나? 싶을 정도로
유치한 막말을
예산 심의를 하던 여야 의원들이 주고받았습니다.

'역시 국회는 기대를 저버리지 않는다.'
'국회의원이 아닌 싸움꾼들'
'이것이 바로 대한민국 국회의 품격이다.' 등
인터넷 누리꾼들의 비난과 조롱이 이어졌는데요.

우리 의원님들
정신 좀 차리고,
품격 좀 높여주시죠~

뉴스중계탑, 오늘 여기서 마칩니다.
지금까지 진행에 조재익이었습니다.
고맙습니다.

장군의
각오

'살아서 한국에 돌아가는 일은 없을 것이다.'

지금 미국에 숨어 살고 있다는
조현천 전 기무사령관이 이렇게 말했다는
보도가 나왔습니다.
이른바 '촛불정국'이 한창일 때
계엄령 발동을 계획했냐?
이 여부를 말하지 않겠다는 겁니다.

한 나라의 군문에 들어 장군이 되고
그것도 별을 세 개나 달았던 이가
무슨 큰 비밀을 지키는 양
진실을 숨기려 합니다.

군인이 목숨 걸어 지켜야 하는 건
나라와 국민밖에 없는데도 말입니다.

뉴스중계탑, 오늘 여기서 마칩니다.
지금까지 진행에 조재익이었습니다.
고맙습니다.

회장님의
갑질

폭행, 강요, 동물보호법 위반,
마약류 관리법 위반, 저작권법 위반,
성폭력 처벌 특례법 위반,
정보통신망법 위반,
총포·도검·화약류 안전관리법 위반....

참 다양하고 많기도 한데요.
이게 다 한 사람의 죄목입니다.
바로 한국미래기술 양진호 회장 얘기입니다.

양회장은 대부분 혐의를 시인하면서
영장실질심사도 받질 않고
구속되길 자처했다는데요.

이젠 회장님 사장님들 갑질 얘기,
우리 사회에 더 이상 들리질 않길 바랄 뿐입니다.

뉴스중계탑, 오늘 여기서 마칩니다.
지금까지 진행에 조재익이었습니다.
고맙습니다.

마블 회장 별세

스파이더맨, 헐크, 블랙 팬서,
엑스맨, 아이언맨, 토르 ……
이른바 '슈퍼 히어로'들이 등장하는 이 영화들
적어도 하나쯤은 보셨을 텐데,
현존하는 영웅의 99%를 창조했다는
미국 마블사의 스탠리 명예회장이
어제 95세를 일기로 세상을 떠났습니다.

그의 트위터 부고장에
한 누리꾼이 이런 추모 댓글을 달았는데요.
'당신 덕에, 남들과 다른 게
내 강점이 될 수 있다는 걸 배웠다.'

이 댓글을 보니
'영화 속 영웅들이 악당만 물리친 게 아니구나~'
문득 이런 생각이 들었습니다.
이 가을, 영화 한 편 골라 보시죠.

뉴스중계탑, 오늘 여기서 마칩니다.
지금까지 진행에 조재익이었습니다.
고맙습니다.

최근 국회에 나왔던
최종구 금융위원장의 손목시계가 화제가 됐습니다.
비싼 건 1억 원 이상 호가한다는
스위스 '명품 시계'를 찼다는 건데

"이건 30달러를 주고 산 짝퉁이다.
시간이 잘 맞아서 차고 다닌다."는 게
최 위원장의 해명이었습니다.

그렇지만 '고위 공직자가 짝퉁을 차고 다니니
소박하고 털털하네~' 하고 보기엔
왠지 씁쓸해집니다.

명품을 찬 것처럼 보여주려는
공직자의 허세가 아니라면 다행인데요.
행여 짝퉁 예찬까지 하고 다니시는 건 아니겠지요?

뉴스중계탑, 오늘 여기서 마칩니다.
지금까지 진행에 조재익이었습니다.
고맙습니다.

수능 한파 소리가 안 나와 다행이긴 한데요.
정작 수능시험에선 1교시부터 문제가 생겼습니다.
문제지에 오탈자가 있어서
정오표를 나눠줬다고 하는데,
국가가 주관해서
1년에 한 번 치르는 이 큰 시험에
그것도 국어영역 시험에서
이런 실수가 나온 걸 보면서
'우리 교육당국이 이리 허술했던가?' 하는
생각도 듭니다.

적어도 나라가 주관하는 시험이라면
문제지의 단어 토씨 하나, 받침 하나도
정확히 해야만
공신력을 담보하지 않겠습니까?

뉴스중계탑, 오늘 여기서 마칩니다.
지금까지 진행에 조재익이었습니다.
고맙습니다.

시장님의
회식 사진

오거돈 부산시장이
SNS에 올린 사진 한 장이 논란을 불렀습니다.
부산시청에서 일하는 용역업체 직원들과 가진
회식 사진이었는데요.
오 시장의 양옆으로 젊은 여성들이 앉아있습니다.

'남성 상급자 옆에 왜 꼭 여성들을 앉히냐?'
'딱 봐도 갑질이다.'
'시장이 그런 자리 배치를 당연한 듯 받아들인 거냐?'
네티즌들의 비판이 줄을 이었습니다.

이런 사진 장면들이
어디 오 시장 경우뿐이겠습니까?
우리네 직장 문화나 관행을
다시 돌아보게 된 계기,
시장님이 만들어 주셨습니다.

뉴스중계탑, 오늘 여기서 마칩니다.
지금까지 진행에 조재익이었습니다.
고맙습니다.

'한국인에게 있어 인생을 결정하는 시험이다.'
홍콩의 『사우스 모닝 포스트』 신문이
지난주 치러진 우리 수능시험에 대해
이런 기사를 썼고요.

영국의 BBC방송은
수능 영어 듣기평가 시간엔
항공기 이착륙이 금지되기까지 하는 걸 보면서
'온 나라가 멈춰 선 것 같다.'고 전했습니다.
한마디로 이상하고 신기하다는 거죠.

단 한 번 시험에 인생이 결정되진 않겠지만요,
'그럴 것이다.'라고 여기는 게
우리 현실인 것 같아서
씁쓸~해집니다.

뉴스중계탑, 오늘 여기서 마칩니다.
지금까지 진행에 조재익이었습니다.
고맙습니다.

할아버지와
장미꽃

'아름답고도 가슴 찡한' 뉴스가 하나 있습니다.
일흔 살 할아버지 한 분이
지난달 세종시의 한 공원에서 장미꽃을 뽑았다가
주민 신고로 경찰에 잡혔었는데요.
이 할아버지는 "6년 전 뇌졸중으로 쓰러져
거동을 잘 못하는 부인에게
꽃을 보여주고 싶어서 장미꽃을 뽑았다."고
진술을 했다고 합니다.

꽃구경을 못하는 부인을 향한
할아버지의 이 애틋한 마음,
듣는 이들에게 잔잔한 감동을 줬습니다.
경찰도 할아버질 훈방했네요.

올해 마지막 달,
이런 훈훈하고 아름다운 얘기
많이 들렸으면 좋겠습니다.

뉴스중계탑, 오늘 여기서 마칩니다.
지금까지 진행에 조재익이었습니다.
고맙습니다.

너무 꽉 문
금수저

얼마 전, 코오롱그룹의 이웅렬 회장이
회장직을 던지고 창업에 도전하겠다 해서
화제가 됐었는데,
이번엔 이 회장이 그룹을 물려받을 때
상속세를 탈루했다~해서
검찰 조사를 받게 됐다는 뉴스가 나왔습니다.

'그동안 금수저를 물고 있느라
이가 다 상할 정도였다'고
이 회장이 토로했었는데요.
금수저를 물어도 너무 꽉 물었던가 봅니다.

뉴스중계탑, 오늘 여기서 마칩니다.
지금까지 진행에 조재익이었습니다.
고맙습니다.

'우리나라 무선 인터넷 다운로드 속도가
얼마나 빠른가?'
한국통신사업자연합회가 세계 대도시를 다니며
측정을 해봤다는데요.
우리나라는 뉴욕보다 4배 빠르고,
런던의 3배, 캐나다 토론토보다는 2배 가까이
속도가 빠른 것으로 나타났습니다.
그러니까 우리는 세계에서 가장 빠른
인터넷 세상에서 살고 있다는 겁니다.

그런데 최근 잇따르는 KTX사고나
KT통신구 화재 같은 걸 보면

'우리가 빠른 것만 찾다가
더 중요한 걸 잊고 있구나~'

이런 생각 들지 않습니까?

뉴스중계탑, 오늘 여기서 마칩니다.
지금까지 진행에 조재익이었습니다.
고맙습니다.

대통령의
떡 선물

문재인 대통령이 어제
기재부 직원들에게 떡을 돌렸습니다.
작년엔 피자, 올해는 백설기에 꿀떡이었는데요.
예산안을 만드느라 고생했다는 인사가 담겼습니다.
대통령이 장관을 불러
직원들 회식비에 쓰라고 봉투를 주는 게 아니라
공무원들에게 피자나 떡을 선물하는 건
우리 정치에서 신선한 장면이긴 합니다.
마침 김동연 부총리가 퇴임하는 날이라
그 인사도 겸했을 듯한 데요.

그런데 국회에선
예산안 처리 끝에 두 야당 대표가
이른바 단식투쟁 중입니다.
떡을 돌린 시점에 아쉬움이 남습니다.

뉴스중계탑, 오늘 여기서 마칩니다.
지금까지 진행에 조재익이었습니다.
고맙습니다.

1달러
뇌물

싱가포르의 부패행위조사국이 최근
지게차 운전기사 2명을
수뢰 혐의로 기소했다는데요.
이 지게차 운전기사들은 트럭 운전기사들에게
배송하는 데 늦지 않도록
컨테이너를 빨리빨리 실어주겠다며
돈을 받았다는 겁니다.
바로 뇌물인데요.
그런데 이 뇌물이 1 싱가포르 달러,
우리 돈으론 820원 남짓한 액수입니다.

싱가포르 부패행위조사국에선
'1달러의 뇌물도 범죄'라고 했다는데요.
우리나라 경우라면 어땠을까요?

뉴스중계탑, 오늘 여기서 마칩니다.
지금까지 진행에 조재익이었습니다.
고맙습니다.

쥐와
미꾸라지

트럼프 미 대통령이 '성관계를 했던 여성들에게
돈을 주고 입막음을 시켰다'고 폭로한,
자신의 개인 변호사였던 마이클 코언을
쥐같다고 맹비난했습니다.

우리 청와대에선 고위 공직 후보자에 대한
비위 첩보를 올렸다가 쫓겨났다고 주장하는
전 청와대 특감반원에 대해
'미꾸라지' 소리가 나왔습니다.

폭로 내용의 진실 여부를 밝히는 게
본질일 텐데요,
듣는 이들에겐 쥐나 미꾸라지 소리만
크게 들리니
아무래도 최고 권부에서 나온 말치곤
좀 가벼워 보이죠?

뉴스중계탑, 오늘 여기서 마치겠습니다.
지금까지 진행에 조재익이었습니다.
고맙습니다.

청년들의 죽음

불과 4년 전, 세월호 참사를 겪었습니다.
2년 전엔 서울 구의역 스크린 도어 사고로
19살 청년이 목숨을 잃었습니다.
불과 8일 전 태안화력발전소에선
24살 청년이 새벽에 일하다가
홀로 스러졌습니다.
어제는 수능을 마친 학생들이
펜션에서 잠을 자다 변을 당했습니다.

우리는 언제까지
이런 안타까운 사고에
가슴만 아파하며 살아야 하는지,
안전한 나라는 그리 멀리 있는지,
묻고 또 묻게 되는 요즘입니다.

뉴스중계탑, 오늘 여기서 마칩니다.
지금까지 진행에 조재익이었습니다.
고맙습니다.

요즘 청와대 특별감찰반이
연일 뉴스에 오르내리고 있습니다.
그런데 조직 이름에서 이 '특'자가 붙으면
왠지 어마어마하고 무시무시할 것 같은
느낌 들지 않습니까?

청와대 같은 최고 권력기관에서
'특' 자까지 붙은 조직인데요.
행여 이 '특' 자를 어깨에 메고 조직원들이
암행어사 마패 가진 듯 활동해온 건 아니겠죠?

청와대에서는 이번에
특감반원들이 직무 범위를 넘어선 활동을 못 하도록
세세한 규정을 만들었다고 하는데요.
조직명에서 '특'자,
아예 빼버리는 건 어떨지요?

뉴스중계탑, 오늘 여기서 마칩니다.
지금까지 진행에 조재익이었습니다.
고맙습니다.

아름다운
사람들

1억 원 이상 고액 기부를 한 사람들의
'아너 소사이어티'란 모임이 있는데,
오늘 2천 번째 회원이 들어왔다고 합니다.
여기엔 정치인도 있고
기업인, 연예인, 스포츠인 등
그야말로 다양한 이들이 회원인데요.
눈에 띄는 건
회원의 4분의 1에 해당하는 5백여 명이
이름을 밝히지 않은 '익명 회원'이란 겁니다.

어려운 이웃들과 더불어 사는 삶을
명예로 여기는 사람들,
추위가 매서우니
더 빛나고 아름답게 보입니다.

뉴스중계탑, 오늘 여기서 마칩니다.
지금까지 진행에 조재익이었습니다.
고맙습니다.

2015년 백두산
천지 앞에서

2007년 청와대 기자단
판문점 방문

'19

2015년 두만강을
사이에 둔 중국 지린성 도문시
북-중 국경시내에서

이순자씨의
민주주의

우리나라 '민주주의 아버지'라고 하면
여러분은 누굴 꼽으시겠습니까?
전두환 전 대통령 부인 이순자 씨는 한 인터뷰에서
"대통령 5년 단임제를 만든 내 남편이다."
이렇게 말했다는데요.
이 발언에 비난이 쏟아지고 있습니다.

생각은 자유라고 하지만,
5.18 광주민주화운동 희생자와 유가족들을
조금이라도 생각했다면
말을 가렸어야 했는데......

새해 벽두,
국민들 환하게 웃으며 출발해야 하는데
씁쓸하게 혀를 차게 만들었네요~

뉴스중계탑, 오늘 여기서 마칩니다.
지금까지 진행에 조재익이었습니다.
고맙습니다.

800만 원 가까운 일등석 항공권을
100만 원도 안 주고 샀다면 이건 행운이겠죠?
홍콩의 한 항공사가
실수로 일등석과 비즈니스석 항공권을
이코노미석 가격으로 수천 명에게 팔았는데요.
막대한 손해를 입을 이 항공사는 그러나
고객과의 약속을 지키겠다며
그대로 고객을 태우기로 했고
이런 인사말을 곁들였습니다.

'우리의 특별 선물이 고객님의 2019년을
특별하게 만들길 바랍니다.'

약속, 신뢰... 이것도 훌륭하지만요,
실수를 새해 특별 선물로 포장하는
항공사의 이 위트, 멋지지 않습니까?

뉴스중계탑, 오늘 여기서 마칩니다.
지금까지 진행에 조재익이었습니다.
고맙습니다.

대통령
묘지

전두환 전 대통령이 세상을 떠나면
법에 따라 국립묘지 안장이 가능한데요.
우리 국민 열에 여섯은 이에 반대한다는
한 여론조사 결과가 나왔습니다.
살아있는 사람을 두고 이런 조사를 한다는 게
민망한 일이긴 한데
'잘못된 역사에 책임을 엄히 물어야 한다.
그게 정의다.'
이게 국민들 다수 생각인 것 같습니다.

그런데 전 전 대통령 스스로
'난 국립묘지 안 가겠다.' 이렇게 먼저 말하면
국민들 또 괜히 논쟁하고 갈등하는 일
피할 수 있을 텐데~
이런 생각도 들긴 하네요.

뉴스중계탑, 오늘 여기서 마칩니다.
지금까지 진행에 조재익이었습니다.
고맙습니다.

노영민 신임 대통령 비서실장이
취임 첫 일성으로
'춘풍추상'이란 사자성어를 꺼냈습니다.
남을 대할 땐 봄바람처럼 부드럽게 하고,
자신에게는 가을 서리처럼 엄하게 하라는 말인데요.
덜컹거리는 소리가 들렸던
청와대 비서실의 공직 기강을
다잡는 말로 들립니다.

만약 반대로
'남에겐 엄하게 하고, 자신에겐 관대하다'면
이건 요즘 흔한 말로 이른바 '내로남불'이 되겠죠.

이런 말 안 나오는,
최고 권부의 '춘풍추상!'
기대해 봅니다.

뉴스중계탑, 오늘 여기서 마칩니다.
지금까지 진행에 조재익이었습니다.
고맙습니다.

요 며칠, 경북 예천이란 지명이
인터넷과 SNS상 검색어 상위에 오르내렸습니다.
예천군 의회 의원들이 해외로 연수를 나갔는데,
가이드 폭행 사건에다
접대부가 있는 술집을 알아봐달라고
요구했다는 등 뒷말이 무성합니다.

'의원직을 사퇴하라.'
'예천에 사는 게 창피해서 이사 가고 싶다.' 등
예천군의회 홈페이지 게시판엔
주민들 분노가 쏟아지고 있는데요.

이렇게 군민들 명예에 큰 상처를 준
의원님들 입에선 정작
사퇴나 이사 가겠단 말이 나오질 않고 있네요~

뉴스중계탑, 오늘 여기서 마칩니다.
지금까지 진행에 조재익이었습니다.
고맙습니다.

삼한사미

'삼한사온'이란 말에 빗대
요즘은 '삼한사미'란 말이 나왔네요.
사흘은 춥고
나흘은 미세먼지에 갇혀 산다는
뜻입니다.
정말 밖에 나가기가 두렵다는 시민들이
많은 요즘인데요.
중국 베이징이나 허베이성 같은 데선
마스크가 아니라 방독면을 써야 할 만큼
초미세먼지 농도가 최악이라고 합니다.

중국의 이 미세먼지 상당 부분이
우리나라로 넘어온다고 하는데
이젠 중국에 어떻게 대책을 좀 세우라고
정부 차원에서
당당히 말을 할 때가 아닌가~
생각이 들지 않습니까?

뉴스중계탑, 오늘 여기서 마칩니다.
지금까지 진행에 조재익이었습니다.
고맙습니다.

요즘 법원이
그야말로 만신창이가 된 듯합니다.

전직 대법원장이 피의자로 검찰에 불려 나가
조사를 받고,
국회의원들의 청탁으로
재판 결과가 달라진 것 아니냐는
비판도 나왔습니다.
어느 판사는 변호인 변론 시간을 1분으로 한정하며
고압적 재판을 했다는
웃지 못할 증언도 변협에서 나왔습니다.

우리 사회에서
가장 깨끗하고 공정할 것 같은 사법부인데,
'세상에 믿을 게 없네~' 소리를
들어서야 되겠습니까?

뉴스중계탑, 오늘 여기서 마칩니다.
지금까지 진행에 조재익이었습니다.
고맙습니다.

손혜원 국회의원이
"내가 투기했으면 의원직에 전재산,
그리고 목숨도 내놓겠다"고 말했습니다.
그만큼 자신은 결백하다는 말일 텐데,
하지만 이런 호언을 듣는 건
좀 불편하고 거북하지 않습니까?

불과 2년 전 모 의원은
'국정원에서 1억 원을 받았다면 할복하겠다'고
큰소리를 쳤었고,
또 모 대선후보는
'낙선하면 강에 빠져 죽겠다.'고 외쳤었습니다.

정치인들의 '모 아니면 도'라는 식의
극단적 말들은 아무것도 걸 것도 없이
힘겹지만 열심히 살아가는 일반 국민들에겐
허탈감. 좌절감을 던져줄 수도 있겠다 싶습니다.

뉴스중계탑, 오늘 여기서 마칩니다.
지금까지 진행에 조재익이었습니다.
고맙습니다.

박항서
매직?

한국 축구가 준결승까지 진출했던
2002 한일 월드컵,
그리고 16강 문턱은 못 넘었지만
전차군단 독일을 물리쳤던
지난해 러시아 월드컵 때,
우린 온 국민이 얼싸안고 환호했었는데요.
그때 우리처럼 어젯밤 베트남이 그랬습니다.
12년 만에 아시안컵 8강 진출이란 쾌거에
열광한 겁니다.

우리 언론에선 이를 '박항서 매직' 이라거나
'기적의 역사를 썼다.'라고 표현했는데요.

사실 운동 경기에 '매직'이 어디 있고
'기적'이 어디 있겠습니까?
'땀 흘린 노력의 결실', 이거 아닐까요?

뉴스중계탑, 오늘 여기서 마칩니다.
지금까지 진행에 조재익이었습니다.
고맙습니다.

'反日
DNA'

최근 일본의 유력 시사주간지라는
『슈칸신초』, 우리말로 『주간신조』에
이런 TOP 기사가 실렸습니다.

'한국 군함 이름에는 반일 DNA가 있다'는 내용인데요.
이순신함에 독도함,
그리고 잠수함은
안중근함, 윤봉길함, 유관순함 등으로
항일 열사나 의사 이름을 붙였다는 겁니다.

이 잡지는 왜 이들이 목숨을 바쳐
반일을 해야 했고
항일을 해야 했는지는
애써 외면한 듯 보이는데요.

이렇게 말해주고 싶습니다.
'역사 공부 좀 하고 기사 쓰세요~'

뉴스중계탑, 오늘 여기서 마칩니다.
지금까지 진행에 조재익이었습니다.
고맙습니다.

토트넘
팬들에게

요즘 영국 프로축구 토트넘이
경기력이 떨어졌나 봅니다.
손흥민 선수가 없어서 그렇다면서
토트넘 팬들이
아시안컵에 나선 한국 대표팀이
어서 탈락했으면 좋겠다고 한다는데요.
한국이 탈락하면
손흥민 선수가 빨리 토트넘으로
복귀할 수 있단 거겠죠?

정말 미안합니다. 토트넘 팬님들.
한국이 결승까지 가야 하니
기다려 주십시오~

뉴스중계탑, 오늘 여기서 마칩니다.
지금까지 진행에 조재익이었습니다.
고맙습니다.

아우토반
논란

독일의 '아우토반' 하면
속도 무제한으로 달릴 수 있는 고속도로인데요.
최근 이 아우토반에
최고 주행속도를 시속 130킬로미터로 제한하자는
민간위원회 보고서가 나와서
'된다, 안 된다' 논란이
뜨겁다고 합니다.
속도를 제한하자는 가장 큰 이유는
대기오염 물질 배출을
줄여보자는 것인데요.

미세먼지로 몸살을 앓고 있는 우리도
중국 쪽에 눈만 흘길 게 아니라
국민들에게 물어
뭐라도 아이디어를 짜내봐야 하지 않을까요?

뉴스중계탑, 오늘 여기서 마칩니다.
지금까지 진행에 조재익이었습니다.
고맙습니다.

日초계기의
위협 비행

일본 초계기가 요즘
우리 군함 머리 위로 바짝 붙어서
위협 비행을 일삼고 있는데요.
우리 군함이 무력 대응이라도 해주길
기대하는 눈치입니다.
군사적 긴장을 높여
평화헌법을 바꾸는 데 써먹으려는 건지,
일본 국민들의 안보 불안감을 자극해
정권 지지도를 올리려고 하는 건지, 아니면
우리에게 외교적 경제적 압박을 가할
꼬투리를 잡아서
과거사 문제 등 한일 갈등 현안을
일거에 해결해 보겠다는 속셈인지~

무엇이 됐든, 일본 정치 지도자들이 지금을
구한말쯤으로 여기고 있는 건 아닌지
모르겠습니다.

뉴스중계탑, 오늘 여기서 마칩니다.
지금까지 진행에 조재익이었습니다.
고맙습니다.

'헬조선'
'해피조선'

"취직 안 된다고 '헬조선'이라 하지 말고
아세안 보면 '해피조선'이다."
"5-60대들은 조기 퇴직하고
할 일 없다고 산에 가거나
SNS에 험악한 댓글만 달지 말고 아세안으로 가라."

대통령 경제보좌관이 이런 말을 했다가
여론의 뭇매를 맞았습니다.

아세안 나라들에 새로운 기회가 많으니
여기로 진출할 생각들을 해보라는 뜻은 알겠는데,
듣는 이들은 다분히 마음에 상처를 입었을 듯합니다.

고위 공직자, 그리고 정치인들,
국민들 위해서라도
단체로 커뮤니케이션 강의라도 들으시는 건
어떻습니까?

뉴스중계탑, 오늘 여기서 마칩니다.
지금까지 진행에 조재익이었습니다.
고맙습니다.

의원님 아들의
국회 출입증

모 국회의원의 아들이
24시간 언제라도 국회에 들어올 수 있는
상시 출입증을 발급받아 사용해온 사실이
드러났습니다.
어머니가 국회의원인데
입법 보좌관이라고 신분을 속이기까지 해서
이 출입증을 받았다는 건데요.
이쯤 되면
특혜 논란으로만 그칠 일도 아닌 듯합니다.

'출입증 하나가 뭐 그리 큰일이냐?' 할 수도 있지만,
어디까지나
국회 보안이 뚫린 것이나 마찬가지고요.
무엇보다
우리 사회 특권의식의 민낯 하나를 본 것 같아
씁쓸해집니다.

뉴스중계탑, 오늘 여기서 마칩니다.
지금까지 진행에 조재익이었습니다.
고맙습니다.

밸런타인데이
편지

오늘 밸런타인데이라고 해서
초콜릿 선물 받으신
남성분들 많을 듯합니다.
영국에서는 이날에
홀로 사는 독거노인들에게
사랑의 편지를 전해주자며
편지쓰기 캠페인을
지난 몇 주 동안 벌였다는데요.
전국에서 수천 통의 편지가 답지했고,
이 편지들은 오늘 요양원에 계신
외롭고 고독한 노인분들에게 배달된다고 합니다.

참 훈훈한 소식인데요.
누군가를 생각해주고,
또 누군가에게 기억되고 관심을 받고 산다면
얼마나 멋지겠습니까?

뉴스중계탑, 오늘 여기서 마칩니다.
지금까지 진행에 조재익이었습니다.
고맙습니다.

공공기관 취업 비리 여부를 전수조사 했더니
180여 건을 적발했다는 정부 발표가 나오자
취업 준비생들의 한숨과 분노가 이어졌습니다.

'설마 했는데, 역시~' 라거나
'저것뿐일까?'라는 물음도 달리고,
'공공기관도 저러니 민간기업은 어떻겠어?' 하는
의구심도 많은 것 같습니다.

모쪼록 우리 청년들에게서
이른바 '헬조선' 소리 나오지 않도록
취업비리 확실히 처벌해서
이번 기회에 뿌리를 뽑아야겠죠?
이게 정의로운 사회 아니겠습니까?

뉴스중계탑, 오늘 여기서 마칩니다.
지금까지 진행에 조재익이었습니다.
고맙습니다.

임시정부 수립
100주년

임시정부 수립 백 주년을 맞아
정부가 오는 4월 11일을
임시 공휴일로 지정하는걸
검토하고 있다고 합니다.

공휴일이 되면
쉬어서 좋다는 사람은 많긴 할 것 같은데요.
그런데 백 년 전 우리 선열들이
얼마나 비장한 각오로
이국땅에 임시정부를 세웠을까~ 생각해보면,
'일 안 하는 공휴일' 하기가
선열들 보기 좀 민망하다 싶기도 하네요.

뉴스중계탑, 오늘 여기서 마칩니다.
지금까지 진행에 조재익이었습니다.
고맙습니다.

검찰총장실
점거 농성

김경수 지사 구속에
여당에서 판결문을 조목조목 반박하고 나서
'판결 불복' 논란을 부른 게 얼마 전인데요.

어제는 야당 의원 60명이
떼로 검찰총장실에 몰려가
5시간 동안 사실상 점거 농성을 벌였습니다.
검찰의 수장이란 분은
자리를 비우고 피하기까지 했습니다.

정치권이 이렇듯 위력을 과시하며
법원과 검찰을 흔드는 세상이니
수사든 재판이든
그 권위와 신뢰성이
바닥으로 떨어지고만 있는 듯합니다.

뉴스중계탑, 오늘 여기서 마칩니다.
지금까지 진행에 조재익이었습니다.
고맙습니다.

1인당
국민소득

우리나라 1인당 국민소득이
3만 달러를 넘었다고 하니
고개를 갸우뚱하는 분들이 많은 것 같습니다.
4인 가구 기준으로 하면
1년에 1억 3-4천만 원
소득이 있어야 한다는 건데,
어림없는 얘기라는 겁니다.

아무튼 통계가 그렇다는 것이긴 하지만
이거 갖고
'우리 경제 좋아졌네',
'살림살이 나아졌네' 하고
말할 수 없다는 게
우리 현실인 것 같습니다.

뉴스중계탑, 오늘 여기서 마칩니다.
지금까지 진행에 조재익이었습니다.
고맙습니다.

춘래불사춘

'미세먼지가 아니라 거대먼지다'란 말이 나올 만큼
세상이 다 희뿌옇게 변했으니
연일 얼마나 힘드십니까?

과거 군사독재정권 시절엔
봄이 왔지만 봄이 아닌 것 같다며
'춘래불사춘'이란 한시 구절을 인용했지만
이젠 미세먼지 때문에
이 시구를 인용하는 시대가 된 거 같습니다.

2천 년 전에 쓴 시가
미세먼지 때문에 다시 쓰일지,
그것도 경칩에 인용될지
그 누구도 몰랐겠지만,
분명한 건 이게 다 자연재해가 아니라
사람이 만든 인재라는 거 아니겠습니까?

뉴스중계탑, 오늘 여기서 마칩니다.
지금까지 진행에 조재익이었습니다.
고맙습니다.

중국의 반문

2019. 03. 07

미세먼지 고통이 심할수록
중국 쪽에 눈을 흘기게 됩니다.
하지만 중국에선
'한국 미세먼지가 중국 때문이라는
과학적 근거가 있느냐?'고
반문하면서
책임론을 일축하고 있으니
이야말로 속 터지는 소린데요.

중국에서 날아오는 미세먼지가
6-70%가 아니라
절반,
아니 단 몇%가 된다고 해도
이웃 나라 고통을 나 몰라라 해서는
안 되는 거 아니겠습니까?

뉴스중계탑, 오늘 여기서 마칩니다.
지금까지 진행에 조재익이었습니다.
고맙습니다.

'만수르
세트'

1억 원짜리 술상 세트가 있다면
믿으실 수 있겠습니까?
이리 비싼걸 누가 사 먹을 수 있을까 싶은데
우리나라 서울 하늘 아래서
이른바 '만수르 세트'라는 이름으로
실제로 팔았고
팔렸다는 겁니다.
요즘 경찰 수사를 받고 있는
강남의 '버닝썬'이라고 하는 클럽 얘긴데요.

그 비싼 걸 사 먹은
현찰 돈다발들은 어디서 나온 건지,
깨끗한 돈인지,
경찰이 밝혀주겠죠~

뉴스중계탑, 오늘 여기서 마칩니다.
지금까지 진행에 조재익이었습니다.
고맙습니다.

남용죄

임종헌 전 법원행정처 차장에 대한
오늘 재판에서
사법행정권 남용, 직권 남용죄를 물은
검찰에 맞서
임 전 차장 변호인 측이 꺼내든 논리가 있는데요.

'검찰이 오히려 직권 남용죄를 남용하고 있다.'
'피의사실을 공표해온 검찰은
수사권을 남용했다.'는 겁니다.

'남용'이란 같은 말을 사용해서
이처럼 칼과 방패가 맞부딪히니
이른바 '법을 잘 아는 사람들'의 법정 다툼,
법을 너무 잘 알아서
그러는 것 아닐까요?~

뉴스중계탑, 오늘 여기서 마칩니다.
지금까지 진행에 조재익이었습니다.
고맙습니다.

그들이
사는 세상

11년 전에
'그들이 사는 세상'이란 TV드라마가 있었는데
줄여서 '그사세'라고 불렀었습니다.
이 '그사세'란 말이
요즘 버닝썬, 아레나 같은
이른바 서울 강남클럽에서 벌어진
유흥 행태와 맞물려
다시 회자되고 있는데요.

일부 연예인들의 비뚤어진 '그사세',
강남클럽의 호사스런 '그사세'는
우리 사회 그림자를
짙게 보여줬습니다.

가뜩이나 날도 흐리고
미세먼지도 다시 몰려오는데
'그들이 사는 세상' 소식에
맥이 좀 풀리십니까?

기운 내십시오.

열심히 사는 사람들이
훨씬 많은 세상입니다.

뉴스중계탑, 오늘 여기서 마칩니다.
지금까지 진행에 조재익이었습니다.
고맙습니다.

국회
'그사세'

꽃샘추위라도
미세먼지보다는 백번 낫다 싶은데요.
어렵게 문을 연 우리 국회도
좀 잘 돌아가면 좋을 텐데
여기는 여전히 한겨울 냉기가 가득합니다.

강남클럽 '그들이 사는 세상' '그사세'처럼
국회 '그사세'를 보면
요즘 참 많이도 답답해지지 않습니까?

뉴스중계탑, 오늘 여기서 마칩니다.
지금까지 진행에 조재익이었습니다.
고맙습니다.

노벨 평화상
후보 소녀

'그레타 툰베리'라는 이름의 스웨덴 16살 소녀가
올해 노벨 평화상 후보로 추천됐습니다.
매주 금요일이면 학교 대신 거리로 나와
지구촌 기후 변화에 대응할 것을 촉구하는
1인 시위를 벌여온
어엿한 환경운동가라고 합니다.

만약 툰베리가
올해 상을 받게 되면
노벨 평화상 역대 최연소 수상자가 된다고 하는데요.
기후 변화의 심각성을 일깨우는 것 말고도,
이 소녀가
세상에 던지는 큰 메시지가 있는 것 같습니다.

'변화를 원하면 행동하라'
바로 이것입니다.

뉴스중계탑, 오늘 여기서 마칩니다.
지금까지 진행에 조재익이었습니다.
고맙습니다.

광화문 광장의
천막

광화문 광장에 있던
세월호 추모 천막이 철거됐습니다.
유족은 물론이지만
국민들에게 너무나 큰 아픔을 주었던 참사의
기억 공간이기도 했는데요.

이런 천막들이
더 이상 세워지는 일이 없도록,
더 이상 참사라는 말이 나오지 않도록,

위정자도
그리고 우리 국민 모두가
'안전'이란 말
입에 달고 살았으면 좋겠습니다.

뉴스중계탑, 오늘 여기서 마칩니다.
지금까지 진행에 조재익이었습니다.
고맙습니다.

공소시효
타령

고 장자연 사건.
김학의 전 법무차관 별장 성 추문 의혹 사건.
이 사건들은
'권력층이나 수사기관의
비호가 있었을 것이다~' 하는
말이 나올 만큼
수사가 지지부진하거나
허술한 측면이 많았던 것도
사실입니다.

그런데도
'어떻게 하면 진실을 밝힐 수 있을까?'
이렇게 접근하는 게 아니라,
우리 정치권에선
공소시효 타령을 하거나
'정치 보복을 하려는 거냐?'는 말이 나오는데요.

공소시효에 처벌은 둘째치더라도,
진실은
진상은

밝히고 가는 게
마땅하지 않습니까?

뉴스중계탑, 오늘 여기서 마칩니다.
지금까지 진행에 조재익이었습니다.
고맙습니다.

타산지석

클럽 버닝썬 사건 여파가
그야말로 일파만파입니다.
손님 폭행 사건으로 시작이 됐지만,
그 속에는
마약과 성폭행, 탈세, 경찰 유착 등
음습하고도 못된 범죄와 병폐들이
대거 숨어있었던 건데요.
실망한 팬들은 그룹 빅뱅을 해체하라고
국민청원까지 올렸습니다.

인기를 먹고 산다는 연예인들이
팬들의 마음을
배신한 결과라고 하겠는데요.
유권자 표심을 먹고 산다는
우리 정치인들에게도
타산지석이 되지 않을까요?

뉴스중계탑, 오늘 여기서 마칩니다.
지금까지 진행에 조재익이었습니다.
고맙습니다.

"미세먼지엔 정파도, 이념도, 국경도 없다."

미세먼지 해결을 위한
범사회적 기구 위원장을 맡기로 한
반기문 전 유엔 사무총장이 이렇게 말했는데요.

세상 온갖 문제가
국회로만 가면 정쟁거리가 되고,
여야 정치 공방으로 날을 지새우다,
결국 유야무야 끝나는 게 다반사다 보니
반 전 총장의 말이 백번 지당하다~
고개가 끄덕여집니다.

정쟁으로 미세먼지를 없애기는
불가능한 거 아니겠습니까?

뉴스중계탑, 오늘 여기서 마칩니다.
지금까지 진행에 조재익이었습니다.
고맙습니다.

얼마 전 외국에 나간 대통령이
현지 인사말을 잘못한 거 아니냐~ 해서
외교 결례다, 아니다,
논란을 벌였는데요.
이번엔 지방 전통시장에 간 대통령 경호요원이
총기를 노출했는데
국민을 불안하게 했네, 아니네~ 해서
또 논란입니다.

사실 이런 말이
안 나오게 했다면 좋았겠지만,
그렇다고 이런 일들이
연일 언론에 오르내릴 만한
이슈인지는
한번 생각해볼 여지가 있지 않을까요?

이런 거 말고
지금 우리 사회,
고민하고
논쟁하고

토론할
이슈들이
그야말로 널려 있지 않습니까?

뉴스중계탑, 오늘 여기서 마칩니다.
지금까지 진행에 조재익이었습니다.
고맙습니다.

회장님의
'플라이 백'

대한항공 조양호 회장이
경영권을 내놓고 물러나게 됐는데요.
돌이켜보니 이 결말을 만든 시작이
사주 가족의 '갑질' 행태를 생생히 보여줬던
이른바 '땅콩 회항 사건'이 아닌가 생각이 듭니다.
그때 기내 사무장이었던
박창진 씨가 쓴 책 제목이
'플라이 백'
바로 회항이란 건데요.
이젠 이 '플라이 백'이
경영권을 잃은 대한항공 사주 일가를 향한
말처럼도 들립니다.

다른 게 있다면
한 사람은 피해를 당해 회항을 하고,
또 한 사람은 자초해서 회항하게 된 거 아닐까요?

뉴스중계탑, 오늘 여기서 마칩니다.
지금까지 진행에 조재익이었습니다.
고맙습니다.

'사과
청문회'

장관 후보자들에 대한
국회 인사청문회가 끝났습니다.
후보자들이 흠결에 대해
죄송하다, 송구하다고
사과하는 경우가 하도 많아서
'인사청문회가 아니라 사과청문회'란
말까지 나왔는데요.
사실 이번뿐 아니라 어느 정권에서든
인사청문회 모습은 대개 비슷했던 것 같습니다.

'죄송하다', '송구하다' 소리 안 나오고,
당당히 정책 포부를 밝히고,
질의하고 하는,
그런 청문회
언제나 볼 수 있을까요?
우린 불가능할까요?

뉴스중계탑, 오늘 여기서 마칩니다.
지금까지 진행에 조재익이었습니다.
고맙습니다.

청와대 대변인이 재개발지역 건물을 매입했다가
투기 논란을 부르면서 결국 사표까지 썼습니다.

현 정부가 '8.2 대책', '9.13 대책'을 내놓으며
집값 안정화를 위해 심혈을 기울이는 중에
'청와대의 입'이라는 대변인이
'전 재산도 모자라 10억 원이란 빚까지 내서
부동산을 사들인 게 뭘 말하는 것이냐?' 하는
힐난이 많았는데요.

투자냐, 투기냐를 떠나
이번 논란은
공직자의 처신과 공직의 무게감을
되새기게 해주는
계기는 된 것 같습니다.

뉴스중계탑, 오늘 여기서 마칩니다.
지금까지 진행에 조재익이었습니다.
고맙습니다.

내노남불

'내가 하면 로맨스, 남이 하면 불륜~',
줄여서 '내로남불'이라 하는 말로
시중에서도
정치권에서도
많이 사용해온 말이 됐는데요.

이번 장관 후보자 인사청문회에선
이 말을 변형해서
'내노남불'이란 말이 등장했습니다.
'내가 하면 노후대책, 남이 하면 불법 투기~'
이걸 줄인 말이라는데요.

참, 말도 잘 만들어낸다 싶으면서도
우리 정치인들 또 공직자들.
'내노남불 안 된다~' 이 말,
가슴에 새기고 살아야 하지 않을까요?

뉴스중계탑, 오늘 여기서 마칩니다.
지금까지 진행에 조재익이었습니다.
고맙습니다.

일회용
비닐봉지

대형 마트 등에서
일회용 비닐봉지 사용이
어제부터 금지됐는데요.
장을 보러 나왔던 시민들에게서
불편하다 소리도 있었습니다.

아무래도 익숙한 게 편하긴 하겠지만요,
우리가 그 '익숙함'과 결별하지 않으면
변혁을 이루는 건 어렵지 않을까요?

뉴스중계탑, 오늘 여기서 마칩니다.
지금까지 진행에 조재익이었습니다.
고맙습니다.

공무원 vs
소상공인

최근 열린 스페인과의 차관급 회의에
구겨진 태극기를 세웠던
책임을 물어
외교부 담당 과장이 보직에서 해임됐습니다.

이미 나라 이름이 바뀐 체코를
체코슬로바키아라 하고,
발틱국가를 발칸국가라고 하는
우리 외교부다 보니
'외교는 똑바로 하고 있나~' 의문이라는
목소리도 나왔는데요.

무사안일 하는 공무원들,
이런 대사 나오는 영화 봤을지 궁금합니다.

"소상공인들, 우린 다 목숨 걸고 장사한다!~"

뉴스중계탑, 오늘 여기서 마칩니다.
지금까지 진행에 조재익이었습니다.
고맙습니다.

청문회
변명

청문회에 나온
이미선 헌법재판관 후보자가
수십억 원 주식 투자로 질타받자
'다 남편이 알아서 한 거다.'라고 말했는데요.

어디서 많이 들어본 말이다 했더니
부동산 투기 논란으로 최근에 물러난
청와대 대변인 해명과 비슷했습니다.
"부인이 계약한 걸 몰랐다. 난 나중에야 알았다."

이런 게 다 사실이라고 하더라도
'내 탓은 아니다.'라며
변명에 급급한 거 같아서
듣기가 좀 민망하지 않으셨습니까?

뉴스중계탑, 오늘 여기서 마칩니다.
지금까지 진행에 조재익이었습니다.
고맙습니다.

일본 후쿠시마산 수산물을
수입 금지하는 것에 대해
세계무역기구 WTO가
우리 손을 들어줬는데요.
사실 방사능 오염 우려가 큰 수산물을
수입하라고 요구하는
일본 정부의 처사가
가당키나 한 거겠습니까?

하기야 독도도 일본 땅이라고 우기는
일본 정부이니
세계인들 눈에도
'억지도 이런 억지가 없다~'
이렇게 보이지 않을까요?

뉴스중계탑, 오늘 여기서 마칩니다.
지금까지 진행에 조재익이었습니다.
고맙습니다.

태극기
수난시대

요즘 '태극기 수난 시대'란 말이 나오고 있습니다.
스페인과 회담 자리에
구겨진 태극기를 세워
외교부가 망신살을 사더니
이번에 미국엘 갔던
대통령의 공항 환영 행사에
색이 바랜 태극기가 등장했었고요,
바로 어제는
대통령이 타는 공군 1호기에
태극기가 거꾸로 달리는 일마저 벌어졌습니다.

다 사람이 하는 일이라
실수할 수도 있겠다~ 싶지만
나라의 얼굴을
이렇게 대접해서야 안 될 일 아닙니까?

뉴스중계탑, 오늘 여기서 마칩니다.
지금까지 진행에 조재익이었습니다.
고맙습니다.

정치인의
막말 이유

자극적인 줄거리와 거친 대사가 나오는
이른바 막장 드라마는
시청자들이 욕을 하면서도 보게 된다고 합니다.

이런 걸 노리는 걸까요?
최근 쏟아지는 정치인들의 막말, 망언들은
총선 공천을 겨냥한 관심 끌기는 아닌지~
생각도 드는데요.

정치인들은 자신의 부고 기사만 아니면
어떤 거라도 언론에 오르길 바란다는
말까지 있는 걸 보면
영 틀린 얘기는 아닌 것 같습니다.

하지만 정말 이래서 막말을 쏟아낸다면
정치인들이 우리 국민들 수준을
너무 얕잡아보는 거라는 건 분명하지 않습니까?

뉴스중계탑, 오늘 여기서 마칩니다.
지금까지 진행에 조재익이었습니다.
고맙습니다.

어제 독일의 한 작은 도시에서
히틀러 생일을 기념해
극우주의자 20여 명이
행진을 벌였다는데요.
아직도 나치 독재자 히틀러를 추종하는
얼빠진 사람들이 있다는 게
놀랍기도 하지만,
더 놀라운 건
천5백 명이 넘는 시민들이 모여들어
이들의 행진에 항의하고
야유를 퍼부었다는 겁니다.

잘못을 잘못이라 당당히 말하는
시민들이 사는 사회.
미래가 밝아 보이지 않습니까?

뉴스중계탑, 오늘 여기서 마칩니다.
지금까지 진행에 조재익이었습니다.
고맙습니다.

편의점
삼각김밥

슬프고도 아름다운 뉴스가 하나 있습니다.
지난달 경기도 고양시에서
며칠을 굶은 가난한 취업 준비생이
편의점에서 삼각김밥 하나를 훔쳤다가
경찰서엘 잡혀갔다는데요.

그때, 경찰관이 청년에게
2만 원을 쥐여 주면서
'정직하게 살아야 한다~'고 타이른 뒤
풀어줬다고 합니다.

이 청년이 마침내 취업에 성공해
첫 월급을 타서는 그 돈을 갚겠다며
지난주 음료수까지 사 들고
경찰서를 찾아왔다는 사연입니다.

우리 곁에 굶어가며 취업에 목매는
청년들이 있다는 게 가슴 아프지만,
경찰관의 마음
그 취업 준비생이었던 청년의 마음,

정말 따뜻하고 아름답지 않습니까?

뉴스중계탑, 오늘 여기서 마칩니다.
지금까지 진행에 조재익이었습니다.
고맙습니다.

소줏값
인상

2019. 04. 24

다음 달부터 소줏값이 오른다~ 하니
'한숨부터 나온다~'하는 분들 있을 텐데요.
몇백 원이 아니라
단 10원이 올라도
머릿속으론
얇아질 지갑 걱정부터 하게 되는 것 같습니다.

우리 정치는
언제나 서민들 삶 돌아보고 보듬어주려는지~
오늘도 국회에선
고성만 들립니다.

뉴스중계탑, 오늘 여기서 마칩니다.
지금까지 진행에 조재익이었습니다.
고맙습니다.

난장판
우리
국회

의원들이 몰려가 몸으로 사무실을 봉쇄하고,
회의실도 막아서고,
의장실에 몰려가 집단 항의하는 속에
'성추행을 했니, 안 했니' 시비가 붙고,
(패스트 트랙 법안) 팩스로 신청하고,
병상에서 결재하고......

어제 오늘,
우리 국회가 보여준 모습인데요.
당분간 학생들 국회 견학하러 가는 건
말려야겠습니다.

'의회민주주의',
어느 한구석 보고 배울 게 없지 않습니까?

뉴스중계탑, 오늘 여기서 마칩니다.
지금까지 진행에 조재익이었습니다.
고맙습니다.

트럼프의
돈타령

트럼프 미 대통령이
한국이 방위비를 더 내야 한다고
공개적으로 압박을 했습니다.
방위비 협상이 끝난 게 엊그제 같은데
돌아앉자마자
또 돈 얘기를 했는데요.

같이 사는 식구도
매일 돈, 돈 하면서 자꾸 얘기하면
기분 상하기 쉬울 텐데
혈맹이라고 하는 한미동맹이
1년 기한 협상으로 매년 돈 얘기를 하고 있으니
이러다 '의' 상할까 걱정도 됩니다.

뉴스중계탑, 오늘 여기서 마칩니다.
지금까지 진행에 조재익이었습니다.
고맙습니다.

어버이날
선물

오늘이 어버이날인데요.
부모님께 무슨 선물을 드리면 좋을까
고민도 하실 것 같습니다.
한 통신업체가 분석했다는데
부모님들이 선호하는 선물 1순위는
현금이라고 합니다.

'돈 드리고 마는 게 정성이 부족하지 않을까'
생각할 게 아니라
부모님들이
'그만큼 쓰실 데가 많구나~'
이렇게 봐야 하지 않겠습니까?

뉴스중계탑, 오늘 여기서 마칩니다.
지금까지 진행에 조재익이었습니다.
고맙습니다.

류현진 선수의
완봉승

오늘 아침
우리 신문들의 1면 사진이 거의 같았습니다.
미 프로야구 LA다저스의
류현진 선수 사진이었는데요.
9회까지 단 한 점도 내주지 않고
완벽히 공을 던져
완봉승이란 대기록을 세웠습니다.
메이저리그에 진출하고 두 번째이자,
6년 만에 이룬 쾌거라고 하는데,

류현진 선수~
이런 실력을 보이기까지
얼마나 노력했겠습니까?
그 흘린 땀방울에
박수를 보냅니다.

뉴스중계탑, 오늘 여기서 마칩니다.
지금까지 진행에 조재익이었습니다.
고맙습니다.

대통령과 기자

어젯밤 KBS의 대통령 대담 방송과 관련해
인터뷰를 진행한 기자를 두고
인터넷이 달궈졌습니다.
'어떻게 대통령한테 독재자란 말까지 들어
질문을 할 수 있냐?'면서
'인터뷰가 아니라 취조를 한 거다.'
'예의가 없다.'
말까지 나왔는데요.

기자는 개인으로서가 아니라
국민이 묻고 싶은 것, 듣고 싶어 하는걸
대신 물어주는 사람 아니겠습니까?
특히 질문의 대상이 대통령이란 최고 권력자라면
그 질문은 더욱 예리해야 하니까,
이른바 '예의 논란' '태도 논란'은
예서 멈췄으면 하는 바람입니다.

뉴스중계탑, 오늘 여기서 마칩니다.
지금까지 진행에 조재익이었습니다.
고맙습니다.

강성훈의
우승 소감

골프선수 강성훈이
미국 프로골프에 입성한 지 8년 만에
오늘 첫 우승을 했는데요.
갈비를 좋아한다는 강 선수는
"우승 기념 파티를 하면서
갈비를 얼마나 먹을 거냐?"는
질문을 받자 뜻밖의 대답을 했습니다.

"아닙니다. 내일 아침 6시에 트레이너를 만나
운동하기로 했습니다."

우승을 만끽하며
하루쯤은 즐기고 쉴 만도 한데요.
1등은 그냥 얻어지는 게 아니구나~ 해서
고개가 끄덕여지지 않습니까?

뉴스중계탑, 오늘 여기서 마칩니다.
지금까지 진행에 조재익이었습니다.
고맙습니다.

파업과
양보

1년 가까이 지속돼온 르노삼성차 노사분규가
40시간 남짓한 '마라톤협상' 끝에
합의점을 찾았습니다.
예고됐던 전국 버스 파업도
협상으로 문제를 풀었습니다.
이 모두가
서로 한 발짝씩 양보했기 때문에
가능했다고 하겠는데요.

'내 말은 맞고 너는 틀리다' 식의
우리 국회에선
언제쯤 이런 '한 발짝씩 양보하는'
정치력을 볼 수 있을지~
보는 국민들,
좀 답답할 것 같습니다.

뉴스중계탑, 오늘 여기서 마칩니다.
지금까지 진행에 조재익이었습니다.
고맙습니다.

문무일 검찰총장이 어제 기자들 앞에서
양복 상의를 벗어 흔들던 모습이
상징적이고 인상적이었습니다.

'흔들리는 옷이 아니라,
옷을 흔드는 손을 보라.'고 말했는데요.
정치적 중립을 지켜야 할 검찰을 쥐고 흔드는 게
누구인지 봐야 한다는 뜻이었습니다.

그런데,
권력이 옷을 흔들 때 말없이 흔들리면서
함께 권력의 맛을 누려온 건 아니었는지,
그것이 오늘날
검찰 개혁 요구를 불러온 건 아닌지도
자문해봤어야 했는데~
생각도 해봤는데요.

청취자 여러분들은 어떻게 보셨습니까?

뉴스중계탑, 오늘 여기서 마칩니다.
지금까지 진행에 조재익이었습니다.
고맙습니다.

억만장자의 깜짝 선물

미국의 한 억만장자가
애틀랜타의 한 대학 졸업식 축사를 하면서
졸업생들에게 그야말로 '깜짝 선물'을 줬습니다.
졸업생들의 학자금 대출 빚을
모두 갚아주겠다는 건데요.
학생마다 우리 돈으로 1억 원이 넘는
선물을 받았으니 얼마나 큰 선물이겠습니까?

빚을 안고 사회에 나가야 했던
젊은이들이 환호하고 눈물을 흘렸는데요.
이 억만장자는 '돈 자랑'을 한 게 아니고,
학생들이 사회에 나가
이웃과 사회에 봉사하고 기여하는 것으로
받은 선물을 다시 되돌려주리라~
기대했을 뿐입니다.

먼 나라 얘기지만 감동, 또 감동 아닙니까?

뉴스중계탑, 오늘 여기서 마칩니다.
지금까지 진행에 조재익이었습니다.
고맙습니다.

의원님
딸의 입사

채용 비리냐, 아니냐 말이 많았던
김성태 의원 딸의 KT 입사는
검찰 수사를 거치면서 부정 채용된 게
맞다는 쪽으로 가닥이 잡힌 듯합니다.
KT 회장의 국회 국정감사 증인 채택을
김 의원이 한사코 막았었는데,
이를 본 당시 KT 이석채 회장이
'김 의원 딸을 정규직으로 채용하는 걸
검토해 보라.'고 했다는 증언이 나왔다는 건데요.

가뜩이나 취업하기 어렵다고 아우성인
우리 취업 준비생들,
이런 보도에 이른바 '빽 없어 서럽다~'
운운하진 마십시오.

채용 비리, 부정 채용의 그 끝이 어떤지~
지금 보고 있는 거니 말입니다.

뉴스중계탑, 오늘 여기서 마칩니다.
지금까지 진행에 조재익이었습니다.
고맙습니다.

최종근 하사
사고사

우리 해군의 최영함은
해적들이 들끓는다는 소말리아 아덴만 해역
파병 임무를 마치고
나흘 전 귀국했습니다.
입항 환영식 행사 중
홋줄이 끊어지는 사고로
최종근 하사가 숨졌습니다.

그런데
'사고 난 장면이 웃겨서 혼자 볼 수 없다'는 글이
인터넷에 올랐습니다.
그것도
최하사의 영결식이 열리던 바로 어제입니다.

22살 젊은이의 안타까운 희생을
추모하고 기억해야 할 우리 사회의
한구석에서
이 사고 장면을 재밋거리로 삼았다는 게
그저 놀랍고 어이없을 따름인데요.

우리는
분노하고,
확실히 처벌해야
마땅하지 않겠습니까?

뉴스중계탑, 오늘 여기서 마칩니다.
지금까지 진행에 조재익이었습니다.
고맙습니다.

정치만
3류

지난 주말과 휴일,
영국 웸블리 스타디움을 가득 메운
방탄소년단 팬들, 아미의 환호성이
오늘까지도 귓전을 맴도는 것 같습니다.
우리 BTS가
그야말로 세계 최고의 그룹으로
우뚝 섰다는 걸 확인하는 것 같아 자랑스러웠는데요.

오늘 아침엔 이정은 선수가
미 LPGA US여자오픈 대회에서
우승했다는 소식까지 전해졌습니다.

우리 국민은 이처럼 뛰어난데요.
우리 정치권에선 '막말 논란'이나 빚으면서
국회 문도 못 열고 있으니
'정치는 3류'라는 말이
괜히 나오는 게 아니지 않습니까?

뉴스중계탑, 오늘 여기서 마칩니다.
지금까지 진행에 조재익이었습니다.
고맙습니다.

9급 지방공무원 임용 시험에
지원자가 무려 24만 명이 넘는다는 뉴스를 들으니
'공무원 시험이 대입 수학능력시험 같구나~'하는
생각도 듭니다.
공무원이 직업으로서
정말 인기가 많구나~ 하는 것도
새삼 느끼지만
우리 사회의 심각한 취업난을
그대로 보여주는 것만도 같은데요.

이런 거 보면,
청와대가 이전 정부 때보다 고용률이 나아졌다고
수치 내세우며 자랑하고 있을 때가 아니지 않나~
하는 생각도 해보게 됩니다.

뉴스중계탑, 오늘 여기서 마칩니다.
지금까지 진행에 조재익이었습니다.
고맙습니다.

검찰총장
후보자

새 검찰총장 후보자를 추리는
추천위원회 회의가
이 시간 열리고 있습니다.
현 문무일 총장이
얼마 전 양복 상의를 벗어 흔들면서
'흔들리는 옷을 보지 말고,
누가 흔드는지 그 손을 보라'고
기자들에게 말했는데요.

누가 흔든다고 해도 흔들리지 않을 사람,
검찰 개혁의 의지가 있는 사람,
이런 후보자들
있긴 있겠죠?

뉴스중계탑, 오늘 여기서 마칩니다.
지금까지 진행에 조재익이었습니다.
고맙습니다.

北이 본
'기생충'

북한의 대외선전매체가
올해 칸 영화제 황금종려상을 받은
봉준호 감독의 영화 '기생충'을 소개했습니다.
작품성이 뛰어나다~
배우들 연기력이 돋보인다~
이런 게 아니고요,
'자본주의 사회의 어두운 현실을 보여준 영화'라며
자본주의를 비판하는 용으로 썼습니다.

이런 게 모두
'보고 싶은 것만 보려는~'
'자기 좋을 대로만 해석하는~' 것 같아서
좀 씁쓸해지기도 합니다.

뉴스중계탑, 오늘 여기서 마칩니다.
지금까지 진행에 조재익이었습니다.
고맙습니다.

2019. 06. 19

손혜원 의원이
목포 부동산 투기 의혹과 관련해 기소되자
여기저기서 전 재산을 사회에 기부하라는
목소리가 나오고 있습니다.

처음 의혹이 불거졌을 때 손의원이
'목포에 차명으로 부동산을 산 게 있다면
전 재산을 내놓겠다~'고 말을 했었는데,
이제 이 약속을 지키라는 겁니다.

하기야 '의혹이 사실이라면 할복하겠다~' 하던
의원도 있었는데요.
이런 극단적인 호언장담은
의혹의 사실 여부와 별개로
듣는 국민들 불편하고 피곤하게 할 뿐이라는 거~
우리 정치인들 알아줬으면 좋겠습니다.

뉴스중계탑, 오늘 여기서 마칩니다.
지금까지 진행에 조재익이었습니다.
고맙습니다.

청와대 정책실장과 경제수석~,
청와대 경제 라인이 한꺼번에 교체됐습니다.

인사를 한다는 건
사람을 바꿔 정책에 변화를 주든,
일하는 분위기를 바꾸든,
뭔가 새로워질 것을 바라는
뜻이 담겨있다고도 할 수 있는데요.

뭘 바꾸든
빨간불이 켜진 우리 경제
파란불 들어오도록만 만들어 주길
기대해 봅니다.

뉴스중계탑, 오늘 여기서 마칩니다.
지금까지 진행에 조재익이었습니다.
고맙습니다.

미국 억만
장자들의 편지

조지 소로스를 비롯해 미국의 억만장자 19명이
민주당 공화당의 대선주자들에게
편지를 보냈다고 합니다.
'우리에게 부유세를 부과해달라'는
내용이 들어있는데요.
세금은 안 내려고 하거나
깎아주길 바라는 게 인지상정일 텐데
오히려 더 내겠다고 자청을 한 겁니다.

자신들이 부유세를 내면 이 돈이
저소득층을 위한 공공의료 확대든,
기후 변화에 대처하는 비용으로 쓰이든,
나라와 사회 발전에
긴요하게 쓰일 것이라는 게
이 미국 부자들의 생각이라고 하는데요.

우리나라에선 이런 얘기 언제나 듣게 될까요?

뉴스중계탑, 오늘 여기서 마칩니다.
지금까지 진행에 조재익이었습니다.
고맙습니다.

대통령의
항공기 트랩

문재인 대통령이 어제 오사카에 도착할 때
폭우 속에 직접 우산을 들고
비행기 트랩을 내려오는 걸 보고는
'비가 오는데 지붕 없는 트랩을 연결해주다니~'
하면서
'일본이 한국을 홀대했다~' 하는
반응들이 나왔는데요.
청와대가
'공항에 환영나온 분들에 예의를 갖추려
지붕 없는 트랩을 우리가 일부러 선택한 거다.'
라고
해명해서
오해는 풀리긴 했습니다.

이런 게 모두
한일관계가 껄끄럽다 보니
작은 거 하나에도
감정이 상하고
오해도 생기는 거 같은데요.

하지만 결국 따지고 보면,
이 모두가
역사의 진실을 외면하고
반성과 사과를 하지 않는
일본 정부의 태도에서 비롯된 거 아니겠습니까?

뉴스중계탑, 오늘 여기서 마칩니다.
지금까지 진행에 조재익이었습니다.
고맙습니다.

SNS와
사람

'어제 판문점에서 남·북·미 정상이 만난 건
SNS의 힘 덕분이다'
이런 얘기가 나오고 있습니다.

국가 정상간 만남이 트위터를 통해 이뤄지다니~
SNS가 아니었다면
하루 만에 이런 일이 가능했을까 싶은데요.

그래도 굳이 먼 길을 달려와 직접 얼굴 마주 보고
대화하는 걸 보면 보안도 보안이지만
On-Line에선 느끼기 힘든
정감이나 대화의 진정성,
이런 거 때문 아닐까 하는 생각 해봤습니다.

SNS가 세상을 많이 바꾸고 있다지만
역시 중요한 건
우리, '사람' 아니겠습니까?

뉴스중계탑, 오늘 여기서 마칩니다.
지금까지 진행에 조재익이었습니다.
고맙습니다.

아베의
'공정'

일본 아베정부가 G20 정상회의가 끝나자마자
우리에게 경제 보복의 칼을 빼들었습니다.
G20에서 미국 들으라는 듯이
'공평 무역' '공정무역'의 목소리를 높였는데
정작 자신들은 우리와의 과거사 문제를
경제 보복으로 대응하고 나서니
참 후안무치하고 옹졸하다~싶습니다.

중국에선 예고도 없이 우리 기업의 광고판을
하룻밤 새 무단 철거하는 일까지 벌어졌습니다.

우리가 이런 막무가내 강대국들 틈에서
살고 있다는 사실
새삼 느끼는 요즘인데요.
우리 외교,
눈 크게~ 똑바로 떠야 할 때입니다.

뉴스중계탑, 오늘 여기서 마칩니다.
지금까지 진행에 조재익이었습니다.
고맙습니다.

최저임금
협상

최저임금이 시간당 만 원은 돼야 한다는 노동계.
인상은커녕 8천 원으로 깎아야 한다는 경영계...
차이가 너무 커서
합의도 중재도 쉽지 않아 보입니다.

일은 죽도록 하는데
먹고 살기 힘들다는 하소연이 있는가 하면,
지금도 간신히 버틴다며 걱정이 태산인
우리 곁의
편의점 업주나 식당 사장님들, 소상공인들의
흐린 눈빛도 있습니다.

그러니 '만 원이냐, 8천 원이냐?'~
양자택일할 문제는 아니지 않습니까?

뉴스중계탑, 오늘 여기서 마칩니다.
지금까지 진행에 조재익이었습니다.
고맙습니다.

윤석열 총장
후보자의 각오

"검찰의 정치적 중립을 확실히 지키겠다."
"정치 논리에 따르거나 타협하는 일은
결코 없을 것이다."
윤석열 검찰총장 후보자가
오늘 청문회에 나와 이렇게 말했습니다.

'확실히', '결코'
이런 부사를 사용한 걸 보면
상당히 강한 의지를 내보인 건데요.
좀 비틀어서 보면,
그동안 우리 검찰이 국민에게 어떻게 비추어졌는지
방증하는 게 아닐까도 싶습니다.

오늘 청문회의 각오가
검찰총장 후보자 개인의 각오가 아니라
우리 검찰의 각오가 되길 기대해 봅니다.

뉴스중계탑, 오늘 여기서 마칩니다.
지금까지 진행에 조재익이었습니다.
고맙습니다.

흑인
인어공주

미국의 디즈니영화사가
실사 영화 '인어공주'를 만드는데
인어공주역에 흑인 배우를 캐스팅하자
반발이 많은가 봅니다.
'인어공주가 왜 검은 피부를 가졌냐?~'는 겁니다.

흑인 인어공주에 반대하는 사람들 뇌리엔
애니메이션 영화에 나오는
흰 피부에 빨강 머리의 인어공주 이미지가
박혀 있을 거 같은데, 바로 이런 게
'편견' 아닐까 싶습니다.

혹시
'내 생각과 다르면 다 틀린 것이다.'
이렇게들 여기는 건 아니겠지요?

뉴스중계탑, 오늘 여기서 마칩니다.
지금까지 진행에 조재익이었습니다.
고맙습니다.

치맥

이젠 집에서 치킨과 맥주를 함께 주문해
이른바 '치맥'을 즐길 수 있게 됐습니다.
그동안은 페트병에 생맥주 담아 배달하는 게
불법이었는데요.
어제부터 이 금지조항이 풀렸습니다.

일본의 경제 보복, 최저임금 논란,
국회에서의 정치 공방,
이런 뉴스를 듣는 요즘이고
장맛비에다 하늘도 흐리니
기분이 좀 쳐지기도 합니다만
퇴근하시면 치킨에 생맥주 배달시켜서
기분 전환해 보시죠~

그동안엔 뭐 이런 거까지
못하게 막았는지 모르겠습니다.

뉴스중계탑, 오늘 여기서 마칩니다.
지금까지 진행에 조재익이었습니다.
고맙습니다.

적반하장에
자중지란?

일본의 경제 보복에 대응할
당장의 속 시원한 대책이 보이지 않는 것에
답답해하는 목소리가 커지고 있습니다.
오죽하면 '의병' 얘기까지 나왔나 싶은데요.
우리 정치권에선
뭐 하나 해법을 제시하기보다는
우리 내부로 손가락질하기
더 바빠 보입니다.

역사의 가해자는 적반하장으로 나오는데
자칫 우리는 자중지란에 빠져들면 어찌 될까~
이것도 우려되는 대목입니다.

뉴스중계탑, 오늘 여기서 마칩니다.
지금까지 진행에 조재익이었습니다.
고맙습니다.

가수 유승준의 의무

어제 대법원 판결로
가수 유승준 씨가 입국할 수 있는
길이 열리게 되자,
유 씨는 '이제 한을 풀었다'며
'평생 반성하는 자세로 살겠다~'는
입장을 밝혔습니다.

팬들의 사랑을 받아 스타가 되고도
국적을 포기하면서까지 병역의무를 피했던
잘못을 뉘우친다는 뜻인데요.
하지만 국민들 사이엔 여전히
싸늘한 시선이 많은 것 같습니다.

이 싸늘한 시선은 바로
'의무 없이 권리 없다~'
이게 정답 아니냐고 외치는 거 아니겠습니까?

뉴스중계탑, 오늘 여기서 마칩니다.
지금까지 진행에 조재익이었습니다.
고맙습니다.

한-일
과장 회의

일본의 경제 보복에 지난주 한-일 두 나라의
실무 과장들이 만나는 장면을 보고
많은 국민들이 분통을 터뜨렸을 것 같습니다.
회의실 장소도 그렇거니와
차 한 잔, 물 한 컵도 놓지 않은
일본 측 대접이라니~
이건 '의도된 모욕주기' 아니겠습니까?

고 김영삼 대통령이 20여 년 전에
'일본의 버르장머리를 고쳐 놓겠다~'고 일갈했던 게
떠오른다는 분들도 많은데요.

우리 국민이 살아 있고 깨어 있다는 걸
보여줘야겠지만,
온 국민이 죽창가를 불러 해결할 문제가 아니라면
우리는 더 냉정해야 하고 좀 더 냉철해져야 한다~
생각해 봅니다.

뉴스중계탑, 오늘 여기서 마칩니다.
지금까지 진행에 조재익이었습니다.
고맙습니다.

'갑질
방지법'

오늘부터 시행된
'직장 내 괴롭힘 방지법'을 두고 실시한
한 설문조사 결과를 보니
회사의 팀원으로 일하는 하위직급 직장인들은
이 법 시행에 대찬성이고,
본부장이나 실장 등 회사 임원급에선
반대하는 비율이 높았습니다.

회사 높은 분들이
왜 이 법에 뜨악한 얼굴을 하는지
말 안 해도 알 것 같은데요.
이젠 직장에서 '갑'이라는 생각,
아예 접으시는 게 좋지 않겠습니까?

뉴스중계탑, 오늘 여기서 마칩니다.
지금까지 진행에 조재익이었습니다.
고맙습니다.

풍운아
정두언

여러 방송에 출연하며
촌철살인의 정치 평론을 들려주던
정두언 전 의원이
세상을 등졌습니다.
고 노회찬 의원에 이어
또 한 번 전해진 비보에
많이들 놀라고 안타까워하셨을 것 같습니다.

한 때 '실세' 소리도 듣고
'왕의 남자'란 소리도 들었던 그였지만
정치 부침에 '풍운아'란 소리가 더 어울린다~
생각이 드는데요.

우리 사회는
'멋진 방송인'
한 분을 잃었습니다.

뉴스중계탑, 오늘 여기서 마칩니다.
지금까지 진행에 조재익이었습니다.
고맙습니다.

밥그릇
싸움

'밥 짓는 데 집중해야 하는데
밥그릇 갖고 싸우는 모양새다.'

박용만 대한상의 회장이
일본으로부터 경제 보복을 당하고 있는
우리의 모습을 이런 말로 자조했습니다.

일본은 치밀하게 준비하고 공격하고 있는데
우리 내부에선 서로 '네 탓' 공방에
갑론을박만 한대서야 되겠느냐~하는 말입니다.

이제 잠시 뒤면 청와대에서
대통령과 여야 5당 대표들이
함께 자리하는데요.
'어떻게 해야 밥을 잘 지을 수 있을지~'
그 지혜를 나누는 자리가 되길 기대해 봅니다.

뉴스중계탑, 오늘 여기서 마칩니다.
지금까지 진행에 조재익이었습니다.
고맙습니다.

일본
맥주

요즘 일본 맥주들은
가게 창고에 들어가 있다는 말이 나올 만큼
매출이 급감했다는 보도들이 나오고 있습니다.
일본으로 여행을 가겠다는 이들도
평소의 절반 정도로 줄었다 하고요.

이게 다 일본 아베 정부의
경제 보복에 대항하는
우리 국민들의 마음,
애국심이 표출된 결과입니다.

선거에서 이긴 일본 여당이나 아베 정부,
기세가 등등해서
보복 조치를 확대하려고 한다는데,
부디 이웃 나라 국민들의 분노에
기름을 붓지 말기를 촉구합니다.

뉴스중계탑, 오늘 여기서 마칩니다.
지금까지 진행에 조재익이었습니다.
고맙습니다.

폭염 속
'네 탓' 공방

시중에 삼계탕값도 만만찮아서
보양 한 번 하는 것도
큰맘 먹어야 한다는 요즘인데요.
국민들은 이렇게 팍팍하게 살면서
폭염에 시달리고 있는데
우리 국회에선
어제도 오늘도
'네 탓 공방'만 요란합니다.

수출 규제란 칼을 휘둘러
경제전쟁을 시작한 아베 일본 총리,
우리 모습 보면서
웃고 있는 건 아닌지 모르겠습니다.

뉴스중계탑, 오늘 여기서 마칩니다.
지금까지 진행에 조재익이었습니다.
고맙습니다.

일본의 항의

러시아 군용기의 우리 영공 침범에
일본이 러시아에 항의하는
웃지 못할 일이 벌어졌습니다.
독도가 일본 땅인데
그 상공에
왜 무단 진입했냐는 겁니다.

항의받은 러시아가 참 황당했을 것 같은데요.
청와대가
'일본은 일본 방공식별구역이나 신경 쓰라'고
일침을 놓긴 했지만
'독도는 일본 땅'이라고 우기는 일본에
우리 외교부가
정식 항의해야 하지 않겠습니까?

뉴스중계탑, 오늘 여기서 마칩니다.
지금까지 진행에 조재익이었습니다.
고맙습니다.

러시아는 자신들의 정찰기가 한국 영공을
침범하지 않았다고 우기고,
중국은 방공식별구역은 영공이 아니라며
무단으로 들어오고도 배짱이고,
일본은 독도가 일본 땅이라고 큰소리치고,
동맹인 미국은 속 시원히 편은 안 들어주고
방위비 분담금 더 내라고 돈 얘기나 하고~

법과 정의, 도덕이 아닌
오직 '힘의 논리'만 있는
한반도 주변 강국들의 모습을
요 며칠 보고 있자니 분통이 터지는데요.

우리 힘을 키우는 수밖에,
누구를 믿겠나 싶습니다.

뉴스중계탑, 오늘 여기서 마칩니다.
지금까지 진행에 조재익이었습니다.
고맙습니다.

'사람에게 충성하지 않는다'

이 말로 유명세를 탔던
윤석열 검찰총장이 어제 취임했습니다.

대통령은 임명장을 주면서
"청와대든 여당이든 정부든
 권력형 비리가 있다면 엄정하게 임해 달라."고
당부했다는데요.

이른바 '살아 있는 권력'을 수사하는데
주저하거나 눈치 보지 말라~
이런 말입니다.

사실 검찰은
정치적 중립을 지켜야 하는 곳이니
내 편인지 네 편인지
따질 것도 없지만
'내가 하면 로맨스, 남이 하면 불륜~'
'유전무죄, 무전유죄'

이런 말이
이젠 검찰발로 나오지 않길
기대해 봅니다.

뉴스중계탑, 오늘 여기서 마칩니다.
지금까지 진행에 조재익이었습니다.
고맙습니다.

여름휴가

2019. 07. 29

대통령이 여름휴가를 가지 않기로 했다는
뉴스를 접하니
그만큼 지금 우리의 현실이
복잡하고 어렵다는 걸 느끼게 됩니다.

이 와중에 우리 국회는
몇 달째 본회의 한 번 열지 못하고
일본의 경제 보복에
대일 규탄 결의안 하나 내지 못한 채
허송세월이니,
의원님들
휴가 갈 면목은 있으려나?
묻고 싶습니다.

뉴스중계탑, 오늘 여기서 마칩니다.
지금까지 진행에 조재익이었습니다.
고맙습니다.

'호강두'

유벤투스의 축구 스타 호날두 선수가
우리나라에 와서
경기는 안 뛰고 벤치만 지키다 돌아갔다가
호된 비판을 받고 있습니다.
호날두 경기를 직접 보려고
비싼 표를 샀으니
축구팬들 분노하는 건 당연해 보이는데요.
오죽하면 호날두에 날강도 말을 붙여
'호강두'라고 부르겠습니까?

이쯤 되면
한국 축구팬들에게 사과하고
배상도 하겠다고 할 만한데
아무런 말이 없으니 그야말로 실망입니다.

호날두 선수, 당신은 스타가 맞습니까?

뉴스중계탑, 오늘 여기서 마칩니다.
지금까지 진행에 조재익이었습니다.
고맙습니다.

북한이 미사일을 쏘고
연이어 신형 방사포를 쏘고 했는데
트럼프 미 대통령이나 미국 고위 당국자들은
'미국에 위협이 되지 않는다.'
'미국을 향한 경고는 아니라고 본다.'
이런 말을 했습니다.

태평양을 건너가는 대륙간탄도미사일이 아니어서
미국에 위협이 되지는 않겠고,
또 북미 협상 동력을 살려가려는 뜻도 알겠지만,
미국에 위협이 되지 않으면 괜찮다는 말이라면
이건 곤란하지 않나 싶습니다.

'미국의 동맹인 한국의 안보를 위협해선 안 된다.'
적어도 이 정도는
말해줘야 하는 것 아니겠습니까?

뉴스중계탑, 오늘 여기서 마칩니다.
지금까지 진행에 조재익이었습니다.
고맙습니다.

'신뢰할 수 없는 나라'

일본이 결국
수출 백색국가에서 우리를 배제했습니다.
우리를 '신뢰할 수 없는 국가'라고
공공연히 말하는데
참 무도하다는 생각만 들 뿐입니다.

총만 안 들었지.
일본이 사실상 선전포고를 한 것처럼 느껴지는데요.
2019년 8월 2일 오늘은,
아베 총리 이름과 함께
'잊을 수 없는 날'로
기록되지 않을까 싶습니다.

뉴스중계탑, 오늘 여기서 마칩니다.
지금까지 진행에 조재익이었습니다.
고맙습니다.

바가지
상혼

'일본 여행 안 가기' 운동에 동참해
국내 여행으로 발길을 돌렸다는 분들 많은데요.
그런데 피서지엘 가보니
방값이며 음식값이 너무 비싸서
이른바 '바가지 상혼'에 속이 쓰렸다면서
한탄하고 자조하는 소리가
많이 나오고 있습니다.

'국내로 휴가 갈 돈 없어서 해외로 가야겠다~'는
말까지 나와서는 안 될 텐데요.
한 철 장사라며 바가지 씌우는 상인분들,
듣고 계십니까?

뉴스중계탑, 오늘 여기서 마칩니다.
지금까지 진행에 조재익이었습니다.
고맙습니다.

트럼프의
입

'브루클린 임대아파트에서
월세 114달러를 받는 거보다
한국에서 방위비 분담금 10억 달러를 받는 게
더 쉬웠다~'는
트럼프 미 대통령의 말을 들으니
돈 낼 우리로선 좀 거북하기만 한데요.

분담금 또 인상하려는
압박인 줄은 알겠지만,
명색이 우리나라가 동맹인데
'안보 셋방살이' 취급은
하지 않아야 하는 것 아닙니까?

뉴스중계탑, 오늘 여기서 마칩니다.
지금까지 진행에 조재익이었습니다.
고맙습니다.

DHC
불매운동

'한국은 원래 바로 뜨거워지고
바로 식는 나라다~'
이런 발언으로
우리를 비하하고 조롱한
일본 화장품 브랜드 DHC가
호된 불매운동을 맞았습니다.

광복 70여 년이 지나도록
아픈 상처를 치유하지 못해
일본에 사과와 반성을 요구하고 있는
한국민들인데
'바로 뜨거워지고 바로 식는 나라'라니,
우리를 몰라도 너무 모르는 거 아닙니까?

아~ DHC 얘기하니
더 더워지는 것 같습니다.

뉴스중계탑, 오늘 여기서 마칩니다.
지금까지 진행에 조재익이었습니다.
고맙습니다.

2019
'도쿄 대첩'

축구 '도쿄 대첩'이라고 들어보셨습니까?
1954년
스위스 월드컵 아시아 예선
한일전이었는데요.
광복 후 한일 두 나라가
처음 맞붙은 이 경기에서
우리 대표팀이 1차전에선 5대 1로 대승,
2차전에선 2대 2 무승부로
결국 우리가 승리했다고 합니다.

이 얘기를 영화로 만든다는 보도가 나왔습니다.
개봉되려면 1년도 더 기다려야 한다고는 하는데도
요즘 때가 때인 만큼
벌써 기대가 되기도 합니다.

뉴스중계탑, 오늘 여기서 마칩니다.
지금까지 진행에 조재익이었습니다.
고맙습니다.

광복절
경축사

2019. 08. 15

오늘 광복절 경축사에서
대통령은 일본을 직접 비판하진 않았습니다.
대신, '책임 있는 경제 강국'이 되어
'아무도 흔들 수 없는 나라'를
만들겠다~'고 했는데요.

이 '책임 있는'이란 말에,
일본 아베 정부 속이 뜨끔하지 않았을까 싶습니다.

요즘 아베 정부 하는 걸 보면
경제 강국이라면서
위세만 뽐내고 힘자랑만 했지
세계와 공존하고 함께 번영해 가려는
그런 책임 있는 모습이
보이지 않으니까 말입니다.

광복절에 보내드린 뉴스중계탑,
오늘 여기서 마칩니다.
지금까지 진행에 조재익이었습니다.
고맙습니다.

낙제와
장학금

조국 법무장관 후보자의 딸이
의학전문대학원에 다니는데
낙제하고도 장학금을 받았다 해서
입방아에 올랐습니다.

부모덕에 자녀들이 은행이나 공기업에 취업한
이른바 '부정 취업'이
사회 문제화된 게 불과 얼마 전이었는데요.
이번엔 부디
아버지 때문에 딸이 장학금을 받은 게 아니었으면~
하는 마음입니다.

만약 그게 사실이라면,
우리 사회 수 많은 청년들이
'흙수저 금수저' 얘기를 하면서
또 얼마나 가슴에 상처를 입을까~
그게 걱정되기 때문입니다.

뉴스중계탑, 오늘 여기서 마칩니다.
지금까지 진행에 조재익이었습니다.
고맙습니다.

매뉴얼
타령

2019. 08. 20

이른바 '한강 몸통 시신' 사건의 피의자가
자수를 하러 서울경찰청엘 갔더니
"여기 말고 종로경찰서로 가서
자수하라~"고 했다는
사실이 뒤늦게 드러났습니다.

"자수자가 오면 어떻게 대처할지
'매뉴얼'이 없다.
이제 만들겠다."

경찰이 이걸 변명이라고 하니
좀 한심스럽고 딱하다~는 느낌마저 드는데요.

우리 경찰,
분발을 당부합니다.

뉴스중계탑, 오늘 여기서 마칩니다.
지금까지 진행에 조재익이었습니다.
고맙습니다.

한-일 외교장관
회담

2019. 08. 21

중국 베이징에선
이제 30분쯤 뒤엔
한·일 외교장관이 마주 앉습니다.
고노 다로 일본 외무상,
입을 꽉 다물은 사진이 인상적이었는데요.
이웃 나라 외교장관과
부디 허심탄회하게 대화해서
갈등의 매듭을 풀어내 주길 기대해 봅니다.

싸움은 말리고, 흥정은 붙이고~
고노 외무상이
이런 외교의 큰 덕목
생각해주면 좋겠습니다.

뉴스중계탑, 오늘 여기서 마칩니다.
지금까지 진행에 조재익이었습니다.
고맙습니다.

조국
얘기만?

국회에선 '조 국'
이 한 사람 얘기만 하고 있습니다.
여야가 명운을 걸고 싸우는 듯 보이는데요.

일본의 수출 규제, 북한의 대화 몽니,
미국의 방위비 인상 압박,
노동자 파업, 청년 실업 등등~
숱한 이슈들이 널리고 널렸는데
우리가 이러고 있어도 되나? 하는
생각도 듭니다.

청문회든 뭐든 얼른얼른 해서
가릴 건 빨리 가려줘야지,
온 나라가
'조 국' 얘기만 하고 있을 때는
아니지 않습니까?

뉴스중계탑, 오늘 여기서 마칩니다.
지금까지 진행에 조재익이었습니다.
고맙습니다.

나경원 자유한국당 원내대표를
법무장관으로 임명해달라는
청와대 청원이 등장했습니다.
'조국 후보자를 그토록 반대하는 나 원내대표는
아무런 문제나 의혹 없이 깨끗한가?'라고 묻는
역설과 비아냥이 섞인 청원인데요.

청문회는 기약 없이 미뤄지는데
이처럼 본질은 어디 가고
감정싸움처럼 변하고 있으니,
이러다 우리 국민들
내 편
네 편
갈가리 찢어지지 않을까
그게 우려됩니다.

뉴스중계탑, 오늘 여기서 마칩니다.
지금까지 진행에 조재익이었습니다.
고맙습니다.

어항 속
금붕어

"국민은 어항 속 금붕어 들여다보듯 보고 있다."

정의당 심상정 대표가
조국 법무장관 후보자 인사청문회를
하니 마니 하는 1당, 2당을
싸잡아 비판하며 이렇게 말했습니다.

당리당략에만 몰두한다는 건데요.
우리 국회,
국민들이 어항 속을 주시하고 있다는걸
알고나 있는지 모르겠습니다.

뉴스중계탑, 오늘 여기서 마칩니다.
지금까지 진행에 조재익이었습니다.
고맙습니다.

'끝장 기자 간담회'

조국 법무장관 후보자가 그제
자정을 넘겨 가며 8시간 남짓
이른바 '끝장 기자간담회'를 열었습니다.
청문회도 아닌데
이렇게 긴 시간 질의와 응답을 이어간 건
전무후무하지 않을까 싶은데요.

각종 의혹에 대한 해명이
설득력이 있었냐? 여부는 차치하고
왜 이런 시간을
법으로 정한 청문회를 통해서 갖질 못하나~ 해서
씁쓸하기만 합니다.

국회가 자신들의
권리는 걷어차고, 책임은 나 몰라라~
한 것입니다.

뉴스중계탑, 오늘 여기서 마칩니다.
지금까지 진행에 조재익이었습니다.
고맙습니다.

태풍
'링링'

국민들 눈과 귀가
오늘 조국 법무장관 후보자 청문회에
쏠려 있을 것 같은데요.
눈, 귀는 청문회에 둬도,
손과 발은
내일 상륙한다는 태풍 링링 대비에
써야 할 것 같습니다.

바람이 워낙 세서
세워놓은 승용차까지
나뒹굴게 하는 정도라고 하니
단단히 대비해야 피해를 줄일 것입니다.

뉴스중계탑, 오늘 여기서 마칩니다.
지금까지 진행에 조재익이었습니다.
고맙습니다.

'국민들의 시간'

한 달을 끌어온
이른바 '조국 후보자 사태'는
대통령이 장관으로 임명하면서
일단 매듭이 지어졌습니다.

청문회가 끝나고 임명 결정을 내리기까지,
이른바 '대통령의 시간'은 '고뇌의 시간'이었다고
대통령이 심경을 밝히기도 했는데요.

이제 '국민들의 시간'인 추석 명절에
국민들의 여론은 어떻게 흐를지
자못 궁금해집니다.

뉴스중계탑, 오늘 여기서 마칩니다.
지금까지 진행에 조재익이었습니다.
고맙습니다.

부모들의
상실감

조국 법무장관 딸의
의학 논문 제1 저자 의혹에 이어
이번엔 나경원 자유한국당 원내대표의
아들 논문 얘기까지 나왔습니다.

이른바 금수저들의 화려한 스펙쌓기와
대학 진학 모습을 보면서
상처받았다는 젊은이들도 많지만,
요즘은
'자식들에게 인턴을 할 기회나,
논문에 이름 올려줄 그런 기회를
만들어 주지 못해서 미안할 뿐~'이라며
상실감을 토로하는 부모들도
부쩍 느는 듯합니다.

이래저래 추석에 얘깃거리가 많아진 것 같습니다.

뉴스중계탑, 오늘 여기서 마칩니다.
지금까지 진행에 조재익이었습니다.
고맙습니다.

버려지는
반려동물

최근 6년 동안
우리나라에서
반려동물 41만여 마리가 버려졌다는
조사 결과가 나왔습니다.

이렇게 버릴 거면 키우지나 말지~하는
생각이 드는데요.

고락을 함께하지 못하고
좋을 때만 가족이면
그게 가족일까 싶습니다.

뉴스중계탑, 오늘 여기서 마칩니다.
지금까지 진행에 조재익이었습니다.
고맙습니다.

의원들의 삭발

야당 인사들의 삭발이 이어지는 가운데
'나경원 자유한국당 원내대표는 언제 삭발하냐?
삭발해야 하는 거 아니냐~' 하는
목소리가 들립니다.

겉으로 보면 조국 장관 사퇴를 촉구하는
결기를 보이라는 것이겠으나
혹시나
여성의원 삭발한 걸 보자는 심사가
깔려있지는 않은지 의문도 듭니다.

이미 삭발한
전현직 여성의원들이 있긴 하지만
여성 의원에게
삭발하라고 압박하는듯한 목소리는
듣기가 좀 불편하고 민망하진 않습니까?

뉴스중계탑, 오늘 여기서 마칩니다.
지금까지 진행에 조재익이었습니다.
고맙습니다.

무용단의
대국민 사과

국립 현대무용단이
오늘 대국민 사과를 했습니다.
무용단이 국민에게 사과할 일이
뭐 있을까 했는데,
홈페이지의
무용단 찾아오는 길을 안내하는
지도가 잘못됐다는 겁니다.

동해를 일본해로 표기하고,
독도를 리앙쿠르 암초라고 했으니,
이건 대국민 사과를 해도
열 번은 해야겠는데요.
이런 기관이 15곳이나 된다는
조사 결과가 나왔습니다.

이미 지난주에 같은 일로
대통령이 엄중 경고까지 했는데
'우리는 문제가 없나?' 하고
한 번 살펴보지도 않은 겁니다.

일본 아베 총리는
웃고 있지 않을까~ 싶습니다.

뉴스중계탑, 오늘 여기서 마칩니다.
지금까지 진행에 조재익이었습니다.
고맙습니다.

검찰의
시간

대통령이 연일
검찰 개혁을 강조하고 있습니다.
이 말을
'조국 장관 지키기'란 말과
등치 하는 목소리도 있지만
'지금의 우리 검찰이 바뀌어야 한다~'는
액면 그대로의 말엔,
수긍하는 목소리가 큰 듯합니다.

수사하랴,
개혁안 마련하랴~ 바쁜 게
지금 '검찰의 시간'입니다.

뉴스중계탑, 오늘 여기서 마칩니다.
지금까지 진행에 조재익이었습니다.
고맙습니다.

정경심 교수
비공개 소환

어제 조국 장관의 부인 정경심 교수가
검찰에 비공개로 소환되자
야당에선
'장관 부인이라고 봐줬냐?, 황제 소환이다~'라며
비판했습니다.
혹시 사고라도 날까 우려가 커서
비공개로 소환했을 뿐이라는 검찰로선
듣기 억울했을 수 있는데요.

검찰이 오늘 인권 보장 차원에서
앞으로는 사건 관계인에 대한 공개소환을
전면 폐지할 것이라고 결정했습니다.

'공인이라도 비공개로 소환하나?' 하는
논란이 예상되지만
우리 검찰이
일단 개혁에 방점을 찍은 건 분명해 보입니다.

뉴스중계탑, 오늘 여기서 마칩니다.
지금까지 진행에 조재익이었습니다.
고맙습니다.

온라인
신상털기

조국 장관 집 압수수색을 했던
여성 검사에 대해
온라인에 신상을 올려놓고
갖은 욕설을 해대는 일들이
자행되고 있습니다.
조국 장관이나 검찰 개혁에 대해
생각이야 저마다 다를 수 있겠지만
이른바 '온라인 신상 털기', 외모 비하, 욕설……
이런 건 좌우 이념, 진영 논리를 떠나
범죄행위라 하겠는데요.

우리 사회 온라인 문화가
왜 이렇게 저급하게 됐는지
우려하지 않을 수 없습니다.

뉴스중계탑, 오늘 여기서 마칩니다.
지금까지 진행에 조재익이었습니다.
고맙습니다.

조국 장관
사퇴

그동안 광화문과 서초동 집회에서
'조국 사퇴', '조국 수호'
이런 각기 다른 구호가 요란했었습니다.

이런 만큼
국민들 마음도 갈렸었는데요.
이제 논란의 당사자 조 장관이 사퇴하는 만큼
이제는 우리 정치가
국민 통합을 위해
애써줄 것을 기대합니다.

뉴스중계탑, 오늘 여기서 마칩니다.
지금까지 진행에 조재익이었습니다.
고맙습니다.

평양 남북
축구

이제 세 시간 뒤에는 평양에서
카타르 월드컵 예선전
남북 축구 대결이 시작됩니다.
하지만 경기 생방송도 없고,
우리 응원단도, 취재진도 경기장엔 없습니다.

영국 BBC방송은 이런 상황을
'전에 본 적이 없는,
세상에서 가장 특이한 축구 시합'이라고
전했는데요.
스포츠 경기에서마저 이렇게 특이한 모습을
세계에 보여주게 되니 좀 남부끄럽기도 합니다.

그래도 북한에선
경기 녹화한 걸 주겠다고 하니 다행인데요.
우리 선수들,
평양에서 멋진 경기 하라고 응원하면서~
오늘 뉴스중계탑, 마칩니다.

지금까지 진행에 조재익이었습니다.
고맙습니다.

연예인
설리의 비극

연예인 설리의 비극을 부른 원인으로
이른바 '악플', 악성댓글이 지목되고 있습니다.
얼굴과 이름이 안 나온다는
익명성에 기대
거칠고 험한 말을 쏟아내는
저급한 댓글문화가
한 젊은이를 극단적 선택을 하게 몰아넣었다면
이는 사회적 타살이라고 봐야 할 겁니다.

악성댓글을 달아온 누리꾼,
별다른 대책을 세우지 못한 포털,
연예인들의 사생활과 댓글 논란을 퍼 나르며
확대 재생산한 언론,
모두가 죄인이지 않나~ 생각합니다.

뉴스중계탑, 오늘 여기서 마칩니다.
지금까지 진행에 조재익이었습니다.
고맙습니다.

국제통화기금 IMF가
세계 주요 국가에서
채무를 갚지 못할 수도 있는,
위험성이 큰 기업 부채가
무려 19조 달러에 이른다고 밝혔습니다.

19조 달러면
우리 돈으론 2경 몇천조 원이 될 텐데요.
우리 정부가 내년도 예산안을 짠 게
5백조 원 조금 넘는 것을 생각하면
2경이 넘어가는 이 돈이
얼마나 큰 건지 짐작이 가실 겁니다.

이 부채가
세계 금융위기를 불러올 뇌관이
될 수 있다는 게
IMF의 경고입니다.

이런 경고에서
우리 역시 예외일 수 없으니

으스스~ 하긴 해도
우리도 엄중하게 인식해야 하지 않겠습니까?

뉴스중계탑, 오늘 여기서 마칩니다.
지금까지 진행에 조재익이었습니다.
고맙습니다.

일왕 즉위에
듣고 싶은 말

다음 주 새 일왕 즉위에
우리 총리가 축하하러 갑니다.
아베 총리하고도 만난다는데
냉랭한 한·일 관계를 풀어낼까~기대가 됩니다.
사이가 틀어져서
이웃이 좋을 게 1도 없으니
계기가 왔을 때 손을 잡는다면
더없이 좋은 일인데요.

'잘못한 역사는 사과하고, 미래로 함께 갑시다.'
이건 아베 총리 들으라고 하는 얘깁니다.

뉴스중계탑, 오늘 여기서 마칩니다.
지금까지 진행에 조재익이었습니다.
고맙습니다.

오늘 밤 서울 서초동 법원 인근에선
조국 전 장관 부인 정경심 교수에 대한
'영장 기각!'을 외치는
시민단체의 촛불집회가 열린다고 합니다.
여야 정치권의 입장이나 논리는 제쳐두고라도
시민들의 생각도 '구속해야 한다!'
'아니다, 기각해야 한다!'
나뉘어 있으니
업무상 횡령 등 11가지 혐의가 적시된
영장을 들고
판사가 참 난감할 듯합니다.

하지만
법과 원칙에 따른 판단 외에
별다른 방법이 있겠습니까?
차분히 법원의 판단 기다려볼 일입니다.

뉴스중계탑, 오늘 여기서 마칩니다.
지금까지 진행에 조재익이었습니다.
고맙습니다.

전자담배

정부가 액상형 전자담배의 유해성을 경고하며
사용하지 말라고 강력히 권고했습니다.
그런데 이 전자담배는
우리 법상 담배가 아니어서
규제하기 어렵다고 하는데요.
현행법에 담배는
'담뱃잎으로 만든 연초만 담배라고 한다'는 겁니다.

관련법 개정안이 이미 국회에 제출돼 있는데
국회는 공방으로 날을 지새우면서
국민 건강과 직결된
이런 법안 하나 처리하지 못하고 있으니

우리 국회,
'욕을 먹어도 싸다~'하는 생각마저 듭니다.

뉴스중계탑, 오늘 여기서 마칩니다.
지금까지 진행에 조재익이었습니다.
고맙습니다.

이재용 부회장의
유구무언

오늘 재판정에 나온
이재용 삼성 부회장에게
판사가 이렇게 물었습니다.

"이건희 회장은 만 51살이던 지난 1993년
독일 프랑크푸르트에서
'낡고 썩은 관행을 다 버리자~'는
삼성 신경영 선언을 내놓고
혁신을 통해 위기를 극복했는데,
똑같이 올해 51살이 된
이재용 삼성그룹 총수의 선언은 무엇이고
또 무엇이어야 합니까?"

최순실 씨에게 말까지 사줬던 삼성 이 부회장,
대답을 못 했다고 합니다.

뉴스중계탑, 오늘 여기서 마칩니다.
지금까지 진행에 조재익이었습니다.
고맙습니다.

MB의
당당함

어제 원세훈 전 국정원장 재판에
증인으로 출석한 이명박 전 대통령이
'재임 시절, 나라를 위해
부끄럽지 않게 일해왔다~'라고
말했습니다.
국정원으로부터 특활비를 상납받지 않았다며
한 말인데요.

이 전 대통령 진술이
진실인지 아닌지는 재판부가 판단할 일이지만
'나라를 위해 부끄럽지 않게 일해 왔다'고
그리 당당히 말할 수 있을까?~
물음표를 달아보게 됩니다.

뉴스중계탑, 오늘 여기서 마칩니다.
지금까지 진행에 조재익이었습니다.
고맙습니다.

'실적쌓기'
법안 발의

요즘 국회에선
의원들의 법안 발의가
무더기로 쏟아진다고 합니다.
그 속사정이 있는데,
내년 총선을 앞두고
공천에 유리한 평가를 받기 위한
'실적 쌓기용'이란 겁니다.

취업 준비생들의 이른바
'스펙 쌓기'는 들어봤지만
의원들의 '공천용 법안 발의 건수 쌓기'라니요~

지금도 국회에 계류된 채 처리되지 못하고
먼지만 쌓인다는 법안들이
수백, 수천 건인데
법안이 통과되든 말든
발의나 하고 보자는 계산법이라면
이건 세금 낭비,
시간 낭비이지 않습니까?

우리 국회, 정당들~
이런 건 왜
개혁하자고 하지 않나 모르겠습니다.

뉴스중계탑, 오늘 여기서 마칩니다.
지금까지 진행에 조재익이었습니다.
고맙습니다.

세월호
소녀의 죽음

사회적 참사 특별조사위원회가
어제 공개한 영상을 보고
세월호 유가족들은 물론이고
많은 국민들이 분노하고 있습니다.
맥박이 살아 있는 학생 한 명을 구조했는데,
헬기로 20분 거리 병원엘
4시간 이상 걸려 배로 후송하다가
목숨을 잃게 하다니~

이 학생을 이송하러 헬기가 왔는데도
학생은 배로 옮기고,
헬기는 해경청장 등 간부들이 타고 갔다니~
그야말로 천인공노할 일이고
이건 범죄나 다름없습니다.

5년이란 시간이 지났지만 이 죄를 묻지 않고는
우리 사회 정의를 말하기 어렵지 않겠습니까?

뉴스중계탑, 오늘 여기서 마칩니다.
지금까지 진행에 조재익이었습니다.
고맙습니다.

소주
광고

여성 연예인이 술을 권하는 듯
얼굴 사진이 붙어 있는
소주병 흔히 볼 수 있는데요.
앞으로는 이런 식의 술 광고가
사라질 것 같습니다.
정부가 술병에 연예인 사진을 붙이지 못하도록
관련 규정을 고치겠다고 합니다.

OECD 국가 가운데
여성 연예인 사진 붙여서 술 파는 나라는
우리나라밖에 없다고 하는데요.
음주를 미화하거나
청소년들에게 끼치는 영향이 크다는
논란이 일었습니다.

늦었지만, 문제를 인식했으면
하루라도 빨리 바꾸는 게 정답 아니겠습니까?

뉴스중계탑, 오늘 여기서 마칩니다.
지금까지 진행에 조재익이었습니다.
고맙습니다.

채점
오류

2019학년도 육군사관학교와
공군사관학교 입시에서
채점 오류 사실이 드러나
국방장관이 국회에서 사과했습니다.
서울의 한 대학교 로스쿨 입학시험에서도
채점이 잘못돼
합격·불합격이 하루아침에 뒤바뀌는
일이 일어났습니다.

가뜩이나 대학 입시에서
학교생활기록부 전형,
이른바 '학종'의 신뢰성 문제가 대두돼
정시 비중을 확대하기로 하는 등
대학입시의 틀이 휘청거리는 마당인데,
채점마저 이리 허술하다니~
그야말로 '혀를 찰 일'입니다.

뉴스중계탑, 오늘 여기서 마칩니다.
지금까지 진행에 조재익이었습니다.
고맙습니다.

인터넷 부분적
자유국

우리는 인터넷을 이용하는데
별 제약이 없이 자유롭게 쓰고 있는 것 같은데
그렇지 않은 모양입니다.
미국의 국제 인권단체 프리덤하우스가
올해 국가별 인터넷 자유도 보고서를 내놨는데,
우리나라는 65개 나라 가운데 19위로
'부분적 자유국'이란 성적표를 받았습니다.

페미니즘을 지지한다는 이유로
인터넷 댓글 공격의 표적이 되고,
여성 신체를 불법 촬영한 것 등 음란 영상물이
넘치고~
이렇게 인터넷을 사용하니
이런 초라한 성적표를 받았다고 하는데요.

인터넷 강국 대한민국의 인터넷 문화,
다시 돌아볼 일입니다.

뉴스중계탑, 오늘 여기서 마칩니다.
지금까지 진행에 조재익이었습니다.
고맙습니다.

'세월호'
특별수사단

'2014년 4월 16일'~
세월호 참사가 일어난 날입니다.
이로부터 5년 하고도 일곱 달 만에
검찰이 '그날의 진실'을 파헤칠
특별수사단을 만들어
전면적인 재수사에 들어갔습니다.

이번엔 부디
한 점 의혹, 자그마한 의문도 남지 않도록
수사를 완벽히 해서
유족들의 한을 풀어주고
사회적 갈등도 매듭지어주길
기대합니다.

뉴스중계탑, 오늘 여기서 마칩니다.
지금까지 진행에 조재익이었습니다.
고맙습니다.

무디스
보고서

국제 신용평가사 무디스가
내년 세계 국가 신용등급 전망을
'안정적'에서 '부정적'으로
하향 조정했습니다.
이 전망이 틀리면 좋겠지만,
이 전망대로라면
2020년 내년에도 세계 경제가 좋지 않을 것이고
우리 역시 마찬가지가 될 처지입니다.

무디스의 보고서가
'허리띠 졸라맬 생각 하라~'는
경고처럼 들리지 않습니까?

뉴스중계탑, 오늘 여기서 마칩니다.
지금까지 진행에 조재익이었습니다.
고맙습니다.

불출마
선언

요 며칠
여야 정치인들의 내년 총선 불출마 선언이
이어졌습니다.
불출마하는 이유를 들어보면
'우리 정치가 뭔가 잘못됐다,
이젠 바꾸어야 한다~'는 겁니다.
출마하지 않겠다는 사람들의 말이라
더 진솔하게 들리는데요.
그동안 국민들이 우리 정치인들을 향해 해왔던
바로 '그 말들'입니다.

숫자로 밀어붙이는 정치,
발목잡기 정치,
대안도 없이 무조건 반대하고 보는 정치.....

이런 거 좀 그만하라는 거 아니겠습니까?

뉴스중계탑, 오늘 여기서 마칩니다.
지금까지 진행에 조재익이었습니다.
고맙습니다.

혈맹과
돈

피로 맺어져 혈맹이라고 하는 한미 동맹이
요즘 돈 문제로 삐걱 소리가 새어 나옵니다.
트럼프 미 대통령이 앞장서
한 번에 몇 배를 더 내라고 압박합니다.

주한미군을
'자유의 수호자'가 아니라 용병으로
미국 스스로 격하시키는 것 아닌가~하는
생각마저 들게 합니다.

돈 주고도 못 산다고 하는 게
친구이고 우정인데,
하물며 혈맹을
돈 문제로 흔들어대서야 되겠습니까?

뉴스중계탑, 오늘 여기서 마칩니다.
지금까지 진행에 조재익이었습니다.
고맙습니다.

지소미아
종료 시계

한일 군사정보보호협정, 지소미아의
종료 시한이
이제 10시간도 채 남지 않았습니다.
안보상으로 한국을 믿지 못하겠다는 이유로
수출 규제를 한 일본인데
한국이 획득한 군사정보는 계속 받게 해달라는
일본.
어찌 이리 뻔뻔할까~ 싶습니다.

종료까지 남은 9시간여 동안
아베 정부,
'수출 규제도 풀겠다' 하고
'일제 과거사도 깔끔히 정리하겠다~' 하는
전화 한 통화라도 해주길 기다린다면
이건 헛된 희망이겠습니까?

뉴스중계탑, 오늘 여기서 마칩니다.
지금까지 진행에 조재익이었습니다.
고맙습니다.

17살 국회의원 후보

고등학교를 갓 졸업한 17살 청소년이
제1 야당의 국회의원 후보로 선출됐습니다.
바로 뉴질랜드 얘기인데요.
이 청소년은 총선이 있는 내년에야
투표권과 피선거권이 생기는
어린 나인데도
경선에서 당당히 경쟁자들을 물리치고
후보로 뽑혔다고 합니다.

이런 미래세대의 목소리가
정치에 보태지는 게 필요하기도 하고
좋아 보이기도 하는데요~

이른바 '공천 물갈이' 얘기가 한창인
우리 정당들에서는
이런 뉴스 나올 수 있을까요?

뉴스중계탑, 오늘 여기서 마칩니다.
지금까지 진행에 조재익이었습니다.
고맙습니다.

정치 신인
교육

여당에서
내년 총선에 나서보겠다는 정치 신인들을
교육한다고 하는데,
특히 중점을 두고 있는 게
'정치 언어' 교육이라고 합니다.
외교도 아닌 정치에서 쓰는 언어가
그리 특별할 리 없지만, 이건 쉽게 말해
'막말 방지' 교육입니다.

그동안 우리 정치인들 막말
얼마나 많고 논란을 부르고
국민께 실망을 안겨줬으면
정당에서 이런 교육까지 할까 싶은데요.

교육 잘 받아서 '정치에도 품격이 있다~'
이런 말 좀 나오게 해주십시오~

뉴스중계탑, 오늘 여기서 마칩니다.
지금까지 진행에 조재익이었습니다.
고맙습니다.

다자녀
기준

흔히 '다자녀 가구'라 하면
자녀가 셋 이상인 집을 뜻하는데요.
충남 천안시에서는 다자녀 기준을
'자녀 셋 이상'에서 '둘 이상'으로 바꿨다고 합니다.
출산율이 해마다 떨어지고 출생아 수가 달마다
역대 최저 기록을 갈아치우는 게
우리 현실이고 보니
이젠 아이가 둘만 있어도
다자녀 소리를 하게 됐습니다.

지금은 천안에서 시작했지만
머지않아 국가적으로도
다자녀 기준이 조정되지 않을까~
생각이 들기도 하는데요.
출산율 저하,
얼마나 심각한지 새삼 느끼지 않습니까?

뉴스중계탑, 오늘 여기서 마칩니다.
지금까지 진행에 조재익이었습니다.
고맙습니다.

모금냄비

11월도 내일 하루만이 남았습니다.
늦가을, 만추 얘기하기도
마지막일 듯한데요.
거리에는 구세군 자선 모금 냄비도 등장해
이젠 연말이 다가왔음을 느끼게 합니다.

우리 국회는
계절이 가는지 오는지,
알기나 하는지~
선거법 협상
그 많던 시간 허송하다가
막판에 몰려
죽기 살기 싸우고만 있습니다.

뉴스중계탑, 오늘 여기서 마칩니다.
지금까지 진행에 조재익이었습니다.
고맙습니다.

남극에서 온 펭귄, '펭수'라는 이름의
캐릭터 인기가
요즘 대단한 모양입니다.
어린이들뿐 아니라
2-30대 직장인들에게도 인기가 높아
이른바 '직통령',
직장인 대통령으로도 불린다는데요.
한 때 뽀로로가 인기였고
또 아기상어도 인기를 끌고 있는데
펭수까지 더해졌습니다.

정치도 힘겹고
경제도 어렵다는데
국민들 기대고 마음 줄 데가
캐릭터뿐인가?
묻게 됩니다.

뉴스중계탑, 오늘 여기서 마칩니다.
지금까지 진행에 조재익이었습니다.
고맙습니다.

논란의
도쿄올림픽

내년에 일본 도쿄올림픽이 열리는데요.
성화를 봉송하는 출발 예정 지점에서
기준치 이상의 방사선량이 확인돼
긴급히 제염했다는
일본 언론의 보도가 나왔습니다.
일본 정부로서야 올림픽을 계기로
후쿠시마 원전 사태를 극복했다는
상징성을 부여하고 싶겠지만
방사능 피폭 걱정에
선수들이 제대로 기량을 발휘하려나 모르겠습니다.

더욱이 일제 전범기로 불리는 욱일기가
경기장에 휘날리는 것조차 그대로 두겠다니,

도쿄올림픽은
국제적 '논란의 장'이 되지 않을까 싶습니다.

뉴스중계탑, 오늘 여기서 마칩니다.
지금까지 진행에 조재익이었습니다.
고맙습니다.

이번 20대 국회가 '일을 잘했느냐?'고 물었더니
국민 열 명에 여덟 명은
'잘 못했다~'고 답을 했다는
한 여론조사 결과가 나왔습니다.
100점 만점 점수로 환산해보면
20점도 안 된다고 하니
이는 낙제 수준인데요.

국민들은 이렇게 보는데,
우리 의원님들은
자신들 스스로에 몇 점을 줄까?~
그게 궁금합니다.

뉴스중계탑, 오늘 여기서 마칩니다.
지금까지 진행에 조재익이었습니다.
고맙습니다.

성인 9백여 명을 대상으로
올해를 상징적으로 나타내는
사자성어를 뽑아보라고 하는
한 설문조사가 있었는데,
가장 많이 뽑힌 게
걱정이 많아 잠을 이루지 못했다는 뜻의
'전전반측'입니다.
구직자들이 특히 많이
이 사자성어를 선택했는데
청년 취업준비생들의 심정을
대변하는 것 같습니다.

자영업자들은
애만 쓰고 보람이 없었다는 뜻의
'노이무공'을,
직장인들은 스스로 살길을 찾는다는 뜻의
'각자도생'을 많이 골랐습니다.

다들 올 한 해가
그만큼 힘들었다는 건데,

내년엔 밝고 긍정적인 사자성어를
고르는 해가 되길 기대해 봅니다.

뉴스중계탑, 오늘 여기서 마칩니다.
지금까지 진행에 조재익이었습니다.
고맙습니다.

김우중
별세

'샐러리맨들의 우상' '신화' 소리를 들었던 경영인,
'세계 경영'을 외쳤던 경영인.

사흘 전 별세한
고 김우중 전 대우그룹 회장 장례가
오늘 치러졌습니다.

무리한 차입경영과 분식회계 등으로
그룹이 해체되고 영어의 신세도 됐었지만
우리 고도 성장기에
그가 남긴 '도전 정신'만큼은
여전히 회자 되고 있습니다.

'세상은 넓고, 할 일은 많다~'
고인의 이 말,
가슴을 울리지 않습니까?

뉴스중계탑, 오늘 여기서 마칩니다.
지금까지 진행에 조재익이었습니다.
고맙습니다.

각하의
점심 식사

어제가 12·12 군사반란 40주년이었는데,
전두환 전 대통령을 비롯해
12·12 주역들이 고급 식당에 모여
'각하' 소릴 연발하며
웃음 넘친 점심 식사하는 모습이 목격됐습니다.

통장에 29만 원밖에 없다며
천억 원이 넘는 추징금도 내지 않고,
알츠하이머병을 핑계로
'광주 재판'에도 나가지 않는 사람이,
골프를 치러 다니고
비싼 식사 자릴 하는 걸 보고
분노하는 분들이 적지 않습니다.

도대체 정의란 게 있기는 한 건가?
다들 이렇게 묻고 있는 겁니다.

뉴스중계탑, 오늘 여기서 마칩니다.
지금까지 진행에 조재익이었습니다.
고맙습니다.

크리스마스
선물

크리스마스가 다음 주입니다.
북한이 '크리스마스 선물' 운운하며
미국을 압박한 상황이라
이번 크리스마스가
특히 주목받고 있습니다.

선물은 누구나 받고 싶어 하지만
그 선물이 '주먹'이라면
이건 얘기가 달라지는데요.

부디 평화를 가져다줄,
'선물다운 선물'을 주고받길 바랍니다.

뉴스중계탑, 오늘 여기서 마칩니다.
지금까지 진행에 조재익이었습니다.
고맙습니다.

2019. 12. 17

'사는 집 한 채만 남기고 팔라~'

청와대가 집을 두 채 이상 보유한
참모들에게 권고했습니다.

집 여러 채 가진 청와대 공직자들이
집을 파는지,
아니면 집값이 더 오를 거라며
여러 채 집을 그대로 보유하고 공직을 접을지,

시중의 다주택자들이
청와대만 쳐다보고 있지 않을까 싶습니다.

뉴스중계탑, 오늘 여기서 마칩니다.
지금까지 진행에 조재익이었습니다.
고맙습니다.

삼성의
노조 공작

"누구나 알고 있었지만, 누구도 확인하지 못했던
진실이 확인됐다."

삼성전자 이사회 의장을 비롯해
삼성의 주요 임원들이
줄줄이 구속된 어제 이런 말이 나왔습니다.

이 진실이란 건 바로
'노조를 못 만들게 삼성이 회사 차원에서
공작을 했다'는 겁니다.

삼성에선 그동안 '노조 절대 불가'를
선대 회장 유훈처럼 받든다는 말도 들렸는데요.
대한민국 1등 기업,
글로벌 기업으로 도약한 삼성에서
무슨 '노조 와해 공작'이니
이런 말이 나와서야 될 말입니까?

뉴스중계탑, 오늘 여기서 마칩니다.
지금까지 진행에 조재익이었습니다.
고맙습니다.

이낙연의
두 단어

이낙연 국무총리가 어제
기자들과 저녁 식사를
함께하면서 했다는 말 중에
두 단어가 눈에 띕니다.
'정치의 품격', 그리고
'정글'이란 말인데요.

국민이 갈증을 느끼는 건 '정치의 품격'이고,
이제 총리에서 물러나 돌아갈 데가
'정글 같은 곳'이라는 겁니다.

약육강식의 세계인 정글 같다는
지금의 우리 여야 정치 현실을 보면
국민이 바라는 '정치의 품격'은
언제나 볼 수 있을지 모르겠습니다.

뉴스중계탑, 오늘 여기서 마칩니다.
지금까지 진행에 조재익이었습니다.
고맙습니다.

휴일이었던 어제
국방장관이 긴급회의를 열었다고 합니다.
북한이 미사일을 쏴서가 아니고요,
국회에서 대체복무 관련 법률안이 통과되지 않고 있어
그 대책을 긴급히 논의했다는 겁니다.

올해 안에 이 법률안이 통과되지 않으면
누구를 언제 어디로 군대를 보낼지
병무행정을 볼 수 없다고 하고요,
군대엘 가야 하는 젊은이들은
학업과 진로 등 계획을 짜기 어려운
심각한 상황들을 맞게 된다고 하니
사실 보통 일이 아닙니다.

우리 국회는
의원들 밥줄이 걸렸다는 선거법에 매달려 하세월이니
이 정도면 국회의원들 직무유기 아니겠습니까?

뉴스중계탑, 오늘 여기서 마칩니다.
지금까지 진행에 조재익이었습니다.
고맙습니다.

크리스마스
무제한 토론

크리스마스 오늘도 국회에선
의원들이 무제한 토론을 이어가고 있는데,
토론에 나선 한 의원이
'성탄일에 국민께 선물을 드려야 하는데,
 이러고 있는 게 송구스럽다~'고 했습니다.

정치가 국민에게 줄 선물이란 게
과연 무엇이겠습니까?

'서로 싸우지만 말고, 제발 일 좀 해서,
 국민들 잘살게 해주는 거~'

어찌 보면 간단한데,
이 선물을 못 만들고 있으니
국민들이 답답해하는 거 아니겠습니까?

뉴스중계탑, 오늘 여기서 마칩니다.
지금까지 진행에 조재익이었습니다.
고맙습니다.

해마다 12월 31일 제야엔
전국에서 제야의 종 타종 행사가 열리는데요.
올해 서울에선 특별한 인물이
보신각 타종 행사에 나온다고 합니다.
바로, 올해 최고의 스타로 떠오른
인기 캐릭터 '펭수'입니다.

사람도 아닌 캐릭터가
타종을 하는 것도 처음인 듯한데,
어린이 팬들이
펭수가 치는 종소리 들으러
대거 나올 것만 같습니다.

이 멋진 광경처럼
우리들의 새해가 그렇게 밝아오면 좋겠습니다.

뉴스중계탑, 오늘 여기서 마칩니다.
지금까지 진행에 조재익이었습니다.
고맙습니다.

2015년 시인 윤동주의
자취가 남겨진 중국 연변
용정시의 소학교 교실에서

2016년 KBS 1TV 〈시사진단〉
프로그램 진행 당시

’20

2015년 중국 인민해방군
국방대학교 방문

정당들의
새해 다짐

새해 첫날,
여야 정당들은 하나같이
총선 승리를 다짐했습니다.

국회의원들이야 또 당선되는 게 목표고,
정당들이야 승리하는 게 목표겠지만,
국민들이 바라는 건
편안히 잘 살 수 있게
해달라는 거 아니겠습니까?

그러니
정당들의 다짐도 좀 달라지면 좋겠다~
이런 생각 해봤습니다.

새해 첫날 뉴스중계탑, 여기서 마칩니다.
전해드린 저는 조재익입니다.
고맙습니다.

최근 도로 살얼음, 이른바 '블랙 아이스'로 인한
대형 교통사고가 잇따르자
정부가
결빙 취약구간을 두 배로 늘려
관리를 강화한다는 대책을 내놨습니다.
도로 열선도 깔고,
노면에 홈도 파고,
응급 제설작업도
수시로 한다고 합니다.

뒷북 행정이나마
안 하는 거보다야 백번 낫다~싶긴 한데요.
우리 공무원들,
좀 먼저 생각하고 먼저 움직여주면
안 되겠습니까?

뉴스중계탑, 오늘 여기서 마칩니다.
진행해 드린 저는 조재익입니다.
고맙습니다.

법무부의
검찰 인사

어제는 검찰 인사를 둘러싸고
법무부와 검찰이
서로 먼저 인사안을 보내라고
온종일 신경전을 벌였습니다.
결국은
법에 정해진 검찰 의견을 듣지 않고
그냥 인사를 단행했습니다.

법무부가 법을 경시하는 건지,
무소불위 소릴 듣던 검찰이라 오만한 건지,
두고두고 파장이 이어질 것 같습니다.

뉴스중계탑, 오늘 여기서 마칩니다.
진행해 드린 저는 조재익입니다.
고맙습니다.

불협화음

요즘 법무부와 검찰의 불협화음이
언론에 연일 오르내리고 있습니다.
인사가 나서 보직이 바뀐 인사들에게
축하 인사를 했다가도
'약 올리냐?' 소리가 나오는 판인데요.

국가기관끼리 서로 도외시하고
뒷말을 주고받는 모습,
보고 듣기가
민망하고 불편하지 않으십니까?

뉴스중계탑, 오늘 여기서 마칩니다.
진행해 드린 저는 조재익입니다.
고맙습니다.

오늘 문재인 대통령 신년 기자회견 자리에
큼직하게 '확실한 변화'~라는 문구가
붙어 있었습니다.
2020년 올해,
나라를 확실히 변화시키겠다는
의지를 내보인 건데요.
이걸 달리 보면,
그만큼 나라에 '바꿀 게 많다'~
이런 뜻 아니겠습니까?

'싸움만 하는 정치'
이런 말도 안 나왔으면 하고요.
일할 수 있는 기회도 만들었으면 좋겠고요.

열심히 일하면 잘 살 수 있는 나라,
이런 '확실한 변화'를 만들어주길
기대해 봅니다.

뉴스중계탑, 오늘 여기서 마칩니다.
진행해 드린 저는 조재익입니다.
고맙습니다.

2020. 01. 15

정세균 총리가
취임 후 첫 일정으로 서울현충원을 참배했는데
방명록에
'국민에게 힘이 되는 정부'라고 적었습니다.

그게 바로,
정부의 존재 이유 아닐까 싶습니다.

뉴스중계탑, 오늘 여기서 마칩니다.
진행해 드린 저는 조재익입니다.
고맙습니다.

청와대 수석의
가벼움

청와대 수석이
부동산 거래허가제 얘기를 꺼냈다가
여론의 뭇매를 맞고 있습니다.
조국 전 장관 관련 청원을
국가인권위에 보냈다가 돌려받은 일도
파장이 이어지고 있습니다.

청와대란 최고 권부에서
정제된 말이 안 나오고
깔끔한 일 처리가 안 된다니
고개를 갸웃~하게 됩니다.

뉴스중계탑, 오늘 여기서 마칩니다.
진행해 드린 저는 조재익입니다.
고맙습니다.

사랑의
온도탑

설 명절이 코앞으로 다가왔습니다.
고향 갈 생각에
아니면 연휴에 여행계획 짜두고
마음이 들뜬다는 분들도 있지만,
우리 곁엔 여전히
돈 쓸 일 많은 명절 다가오는 게 두렵다는
분들이 많이 있습니다.

어려운 이웃과 함께 하자는 기부 온도탑.
사랑의 온도탑 온도는
오늘 86.6도로 따뜻해지긴 했지만
아직 끓지는 못하고 있습니다.

뉴스중계탑, 오늘 여기서 마칩니다.
진행해 드린 저는 조재익입니다.
고맙습니다.

검사들의 말싸움

지난 주말
한 검찰 간부의 상가에서
검사들 사이에 큰소리가 났다는
보도들이 나왔습니다.

'조국 전 장관이 무죄란 말이냐?'
'당신이 검사냐?'는
말까지 나왔다고 하니,
이른바 '살아있는 권력'을 향한 수사를 놓고
검찰 내에서도
편이 갈린 게 분명해 보입니다.

무리한 수사였는지, 아닌지~
죄가 있는지, 없는지~
진실은 법정에서 가려지지 않겠습니까?

뉴스중계탑, 오늘 여기서 마칩니다.
진행해 드린 저는 조재익입니다.
고맙습니다.

박항서 감독의
'책임'

승승장구 승리만 하던 박항서 감독이
베트남에 진출한 뒤 처음으로
패배의 쓴잔을 들었습니다.
도쿄올림픽 본선 진출권이 걸린 대회에서
베트남 축구대표팀이
최하위로 조별리그 탈락했는데요.
박감독은
'모든 책임은 감독에게 있다'며
책임을 떠안았습니다.

잘못을 했더라도 내 책임은 아니라고
손사래 치는 걸 자주 보는 요즘 세상에서
'내 탓이고, 내 잘못'이라는
이 한마디가
너무도 멋지게 들리지 않습니까?

뉴스중계탑, 오늘 여기서 마칩니다.
진행해 드린 저는 조재익입니다.
고맙습니다.

세뱃돈

이번 설에
초등학생 자녀나 조카, 손주들에게
세뱃돈 얼마씩을 주려고 생각하십니까?
이에 관한 한 설문조사 결과가 나왔는데
세뱃돈 줄 어른들은
'만 원 정도가 적당하다'고 답한 게 가장 많았고,
세뱃돈 받을 초등학생들은
'5만 원을 기대한다'가 가장 많았습니다.

줄 사람, 받을 사람이 생각하는 액수가
차이가 꽤 큰데요~
사실 5만 원이면
올해 최저임금으로 6시간 가까이 일해야 받는 돈인데,

우리 어린이들,
이런 돈 가치를 알기나 할까 모르겠습니다.

뉴스중계탑, 오늘 여기서 마칩니다.
진행해 드린 저는 조재익입니다.
고맙습니다.

설
민심

설 민심을 듣고 왔다는
여야 정치권에서 전하는 말이
영~딴판입니다.
여당에선 '야당 심판론'이 크다고 하고,
야당에선 '정권 심판론'이 민심이라고 하는데요.

저마다 듣고 싶은 것만 듣고 왔는지,
아니면
지지자들 이른바 '내 편' 얘기만 듣고 왔는지
모르겠습니다.

뉴스중계탑, 오늘 여기서 마칩니다.
진행해 드린 저는 조재익입니다.
고맙습니다.

마스크
값

중국발 신종 코로나 바이러스가 퍼지면서
마스크 수요가 크게 늘었습니다.
그런데,
제조 원가가 갑자기 뛴 것도 아닌데
일부 온라인 쇼핑몰에서
마스크값을 세 배까지 올려 받는 모양입니다.

마스크 사재기도 문제지만
이런 바가지 상혼마저 기승을 부린다면
이게
코로나 바이러스보다
더 큰 병 같다~싶습니다.

뉴스중계탑, 오늘 여기서 마칩니다.
진행해 드린 저는 조재익입니다.
고맙습니다.

"우한 교민
환영합니다"

1차 귀국한 우한 교민들이
충북 진천과 충남 아산에서
격리생활에 들어갔습니다.
이 교민들을 받는데
지역주민들의 반대와 항의가 있던 터라
교민들 마음이 불편하기도 했을 듯한데요.
그러나
우한 교민들이 도착한 지금은
주민들이 반대했던 입장도 거둬들이고
막았던 길도 풀었습니다.

아산과 진천 주민들은 SNS에
'우한 교민 환영합니다'
'편안히 쉬었다 가십시오'같은 글과 함께
인증샷을 올리고 있고,
반향도 크다고 합니다.

모두가 힘들 때 보여주는 온정과 배려,
더 크고
더 따뜻하게

느껴집니다.

뉴스중계탑, 오늘 여기서 마칩니다.
진행해 드린 저는 조재익입니다.
고맙습니다.

'민주당만 빼고' 투표하자는 칼럼을 썼던
임미리 교수가
민주당의 고발 취하 소식을 듣자
한마디 했습니다.
"앞으로는 겸허하게 국민의 소리를
경청하길 바랍니다."

이번에는 집권당인 민주당이
이런 훈계를 들었지만
우리 정치권 모두가
새겨야 할 그런 말 아니겠습니까?

뉴스중계탑, 오늘 여기서 마칩니다.
진행해 드린 저는 조재익입니다.
고맙습니다.

아카데미 영화상 수상자에게 주어지는
오스카 트로피 한 개 단가가 400달러,
우리 돈 50만 원이 채 안 되는 정도라고 하는데,
이 트로피를 받은 영화 〈기생충〉이
해외에서 벌어들인 돈만도
벌써 2억 달러가 넘는다고 합니다.

반도체 잘 만들고
자동차 잘 만들어
수출하는 것도 좋지만
문화의 힘이 얼마나 중요한지
영화 한 편이 웅변하고 있습니다.

뉴스중계탑, 오늘 여기서 마칩니다.
진행해 드린 저는 조재익입니다.
고맙습니다.

국회의원
연봉

우리나라에서
국회의원들이 연봉 많이 받기로
두 번째 직업이라고 합니다.
고용정보원이 2018년 기준으로 조사한 건데요.

이번 총선 당선자들,
연봉값 제대로 해주길 기대해 봅니다.

뉴스중계탑, 오늘 여기서 마칩니다.
진행해 드린 저는 조재익입니다.
고맙습니다.

스쿨존에서 교통사고가 났을 때
운전자 처벌을 강화한
이른바 '민식이법'이 발효되자
관련 보험상품이 많이 팔린다는
보도가 나왔습니다.

보험 드는 운전자들 마음 이해되지만,
스쿨존에선
묻지도 따지지도 말고
조심조심~ 천천히~ 운전하는 게
가장 좋은 보험 아닐까~
생각이 듭니다.

뉴스중계탑, 오늘 여기서 마칩니다.
진행해 드린 저는 조재익입니다.
고맙습니다.

아베 총리에게
묻다

아베 일본 총리가 의회에서
'한국은 이웃이고 중요한 나라'라며
'코로나19 대응에 계속 협력하길 바란다'고
말했습니다.

이웃이고
중요한
나라인데
왜 그리 무시하고 모독하고
역사까지 왜곡했는지,
묻지 않을 수 없습니다.

뉴스중계탑, 오늘 여기서 마칩니다.
지금까지 진행에 조재익이었습니다.
고맙습니다.

어린이날   2020. 05. 05
약속

어린이날인 오늘,
여야는
'모든 어린이가 건강하고 안전하게
 꿈을 펼치도록 노력하겠다.'~고
한목소리로 약속했는데요~

국회에서 멱살잡이하고 삿대질하는
볼썽사나운 모습만 안 보여줘도
어린이들에겐
좋은 교육이 되겠다~ 싶습니다.

뉴스중계탑, 오늘 여기서 마칩니다.
지금까지 진행에 조재익이었습니다.
고맙습니다.

늦은
사과

이재용 삼성전자 부회장이 어제
대국민 사과를 했습니다.
이낙연 전 총리도
이천 화재사고 유가족들과의 대화와 관련해
'수양이 부족했다'며
머리를 숙였습니다.

이런 사과는 진정성을 담아
더 빨랐으면 좋았겠다 싶은데,
그래서 좀 아쉽습니다.

뉴스중계탑, 오늘 여기서 마칩니다.
지금까지 진행에 조재익이었습니다.
고맙습니다.

경비원의
유서

서울의 한 아파트 경비원이
입주민의 폭언과 폭행에 시달렸다며
억울함을 호소하는 유서를 쓰고
극단적 선택을 했습니다.
선하고 열심히 사셨다는 분인데....
이런 분에게
세상은 왜 이리 험하고 모질까~
많이들 느끼시겠죠.

이른바 갑질이 있었다면,
그 책임
엄히 물어야 하지 않겠습니까?

뉴스중계탑, 오늘 여기서 마칩니다.
지금까지 진행에 조재익이었습니다.
고맙습니다.

'투표 조작'
논란

'지난 총선에서 투표 조작이 있었다.'
야권 일각에서
이런 의혹을 제기하는 데 대해

'지금이 투표함 바꿔치기하는 자유당 시절이냐?'며
야권 내에서조차
냉소적 반응을 내놓고 있습니다.

이런 논란과 음모론에
또 국민들이 편 가르고,
부질없이 헛심 쓰게 되니
재검표든 뭐든 빨리빨리 해서
얼른 종지부를 찍어주는 게
상책 아니겠습니까?

뉴스중계탑, 오늘 여기서 마칩니다.
지금까지 진행에 조재익이었습니다.
고맙습니다.

5·18 민주화운동이 일어나고
벌써 40년이 지났다니
세월이 참 빠르다 싶은데요.
이 긴 시간이 지나도록
광주의 상처와 아픔은 치유되지 못했고,
전두환 전 대통령 등
책임 있는 당사자들 입에서는
국민에게 총부리를 들이댄 데 대해
사과 한마디 나오지 않았습니다.

'진실을 영원히 묻어버릴 수 있다~'고
생각하는 걸까요?

뉴스중계탑, 오늘 여기서 마칩니다.
지금까지 진행에 조재익이었습니다.
고맙습니다.

성금과 의혹

'정의기억연대'나 '나눔의 집'에 쏠린 의혹은
크게 보면 한 가지입니다.
일본군 위안부 피해 할머니들을 위해 써달라고
국민들이 성금을 보냈는데,
할머니들을 위해 쓴 게 별로 없다니
이 돈은 다 어디 갔냐?~
이런 겁니다.

위안부 피해 할머니들 가슴
더 멍들까 걱정이고,
성금 보내준 국민들 또한
마음의 상처를 입게 됐습니다.

명명백백
진상을 밝혀야 할 이유이지 않습니까?

뉴스중계탑, 오늘 여기서 마칩니다.
지금까지 진행에 조재익이었습니다.
고맙습니다.

할머니
식사비

일본군 위안부 피해자
이용수 할머니가 어제 기자회견에서 한
'모금 행사가 끝나고 배고프다고 했는데,
돈 없다고 하더라~'는 증언은
참 충격적이고
듣기에도 민망한 대목이었는데요.

모금한 돈은
밥 사 먹는 데 쓰면 안 된다는 건 알겠는데,
그러면 사비로라도
할머니 식사를 챙겼어야지~싶어
안타까워하고
답답~해하지 않으셨습니까?

뉴스중계탑, 오늘 여기서 마칩니다.
지금까지 진행에 조재익이었습니다.
고맙습니다.

코로나19
희생자

코로나19로 숨진 미국민이 10만 명을 넘자
미국에선
전쟁 때 미군 사망자 수와 비교하는
보도들이 쏟아졌는데요.
10만 명의 사망자는
한국전쟁, 그리고
10년을 치른 베트남전의 미군 희생자를
합한 거보다 많다는 겁니다.

이런 거 보면 우리 인류는 코로나19 바이러스와
가히 전쟁을 치르고 있다고 해야겠는데,

현재로선
인류가 가진 최대 무기가
'마스크' 아닐까 싶습니다.

뉴스중계탑, 오늘 여기서 마칩니다.
지금까지 진행에 조재익이었습니다.
고맙습니다.

오거돈과
변호사들

오거돈 전 부산시장이 오늘
영장실질심사를 받으러 법원에 나오면서
변호사 대여섯 명을 대동했다는
보도가 나왔습니다.

구속은 피해보겠다는 그 마음은 이해가 가지만요,
시장님이 업무 시간에
그것도 집무실에서
여직원을 성추행했다는
혐의에 비춰 보면

변호사 한 두 명도 아니고
그 여러 명을
쭈~욱 데리고 오는 게
국민들 눈엔 어찌 비쳤을까? 궁금합니다.

뉴스중계탑, 오늘 여기서 마칩니다.
지금까지 진행에 조재익이었습니다.
고맙습니다.

숨을 쉴 수 없다

흑인이 경찰관에게 목이 눌려 숨진 데 항의하는
미국민들의 시위 구호가
'숨을 쉴 수 없다!'입니다.

이제 이 말은
물리적으로 숨을 쉴 수 없다는 의미에 더해
정치적 압박,
경제적 곤궁,
사회적 차별 등에
항의하는
전 세계 약자들의 구호가 돼가는 것 같습니다.

뉴스중계탑, 오늘 여기서 마칩니다.
지금까지 진행에 조재익이었습니다.
고맙습니다.

아방궁?

고 노무현 대통령이
봉하마을 사저를 새로 지을 때
일부 언론들이
'아방궁' 소리까지 하며 비판을 쏟아냈었습니다.
다 짓고 나서
이 사저를 구경 온 관광객들이 한마디씩 했습니다.
'아방궁은 아닌데?~'

문재인 대통령이
퇴임하고 들어갈 사저를 짓기 위해
땅을 샀다고 하는 보도가 나왔는데요.
노 전 대통령 때 억지 비판으로 만들어냈던
'아방궁 논란', 이번엔 나오지 않겠죠?

뉴스중계탑, 오늘 여기서 마칩니다.
지금까지 진행에 조재익이었습니다.
고맙습니다.

2020. 06. 09

천안에서
9살 어린이가 여행용 가방에 감금됐다가
숨진 사건이 불과 며칠 전입니다.
이런 아동학대 사건이 또 일어났는데,
경남 창녕에서
의붓아버지가 11살짜리 딸의 손가락을
뜨거운 프라이팬에 지지는 등 학대했다고 합니다.

말만 들어도 섬뜩한 이런 범죄에
분노하지 않는 분들 없을 텐데요.
실효성 있는 대책 좀 세워달라고

우리들의 분노
아주 아주
크게~
키워갔으면 합니다.

뉴스중계탑, 오늘 여기서 마칩니다.
지금까지 진행에 조재익이었습니다.
고맙습니다.

긴급
생계자금

대구의 공무원과 교사 등 3천 9백여 명이
지원 대상도 아닌데 수십만 원씩
시에서 주는 코로나19 긴급 생계자금을 받아 간
사실이 드러났습니다.

돈 달라고 신청한 게 아니라
주니까 받았을 뿐이라고
항변할 수 있겠지만요,
잘못 받은 거 알고도 모른 체 하고 있었다면
이건 '시민의 공복'이라는
공무원의 자세는 아니지 않습니까?

'도둑질했다~' 소리가
이상하게 들리질 않습니다.

뉴스중계탑, 오늘 여기서 마칩니다.
지금까지 진행에 조재익이었습니다.
고맙습니다.

황제
병영생활

신용평가업체 나이스그룹의 부회장 아들이
군대엘 갔는데
이른바 '황제 병영생활'을 하고 있다는
논란이 불거졌습니다.
'1인 생활관을 쓰고 있다.'
'상급자인 부사관에게 심부름시킨다.' 등 등입니다.

'돈 있는 집 자식이면 군대도 장군으로 가느냐~'
소리까지 나오는데요.

우리 군의 기강이 이 정도인가?~
국민들 걱정이 늘 것 같습니다.

뉴스중계탑, 오늘 여기서 마칩니다.
지금까지 진행에 조재익이었습니다.
고맙습니다.

남북 연락사무소 폭파

남북 연락사무소 폭파 장면을 보신 분들,
참 착잡하셨으리라 생각이 듭니다.

문제를 더 키워서는
해결책 찾는 게 복잡하기도 하고
시간도 더 걸린다는 걸
북한은 왜 모를까?
답답하기만 한데요.

정답은
대화
평화
이런 단어에서 찾아야 하지 않겠습니까?

뉴스중계탑, 오늘 여기서 마칩니다.
지금까지 진행에 조재익이었습니다.
고맙습니다.

마스크 한 장 사려고
길게 줄을 서서 기다려야 했던 때가 있었는데,
오늘부터는
'공적 마스크'를 주간 단위이긴 해도
한 번에 10장까지 살 수 있게 됐습니다.

그런데 이 공적 마스크값이
온라인에서 파는 것보다 비싸다는
불만이 나오고 있습니다.
10장씩 사게 해주니 좋긴 하지만
국민들 부담은
좀 줄여줘야 하지 않겠습니까?

뉴스중계탑, 오늘 여기서 마칩니다.
지금까지 진행에 조재익이었습니다.
고맙습니다.

면세점
할인 판매

코로나19 사태로 장사를 못한 면세점들의
'눈물의 할인 판매'가
오늘부터 시작됐습니다.
이른바 명품이라는 상품들을
시중가 대비 최대 60%까지
할인해 판다고 하니
팔리긴 잘 팔릴 것도 같은데요.

다들 살기가 힘들어
재난지원금까지 받는 이 와중에
고가품 사는데 돈이 몰릴 거 생각하면
씁쓸~해지기도 합니다.

뉴스중계탑, 오늘 여기서 마칩니다.
지금까지 진행에 조재익이었습니다.
고맙습니다.

존슨&존슨
배상금

베이비 파우더로 유명한 회사죠?
미국의 '존슨 앤 존슨'이
암을 유발할 수 있는
석면 성분이 들어 있는
베이비 파우더 등을 팔다가
암에 걸린 소비자들에게 소송을 당했는데요.

항소심 재판부가
21억 2천만 달러,
우리 돈으로 2조 5천억 원에 달하는
거액의 배상금을 내라고 판결했습니다.

이 정도로 엄하게 처벌해야
우리도 '가습기 살균제 피해 사태' 같은
소비자 피해를 막을 수 있지 않을까~ 싶습니다.

뉴스중계탑, 오늘 여기서 마칩니다.
지금까지 진행에 조재익이었습니다.
고맙습니다.

지하철
마스크

지하철을 탔는데
마스크를 쓰지 않은 여성분이 있었습니다.
다른 승객이 마스크를 써달랐다고 했는데
화를 내며 난동을 부렸던 이분이
지금 영장실질심사를 받으며
구속의 기로에 있습니다.

마스크 한 장 쓰는 게
뭐 그리 어려운 일이라고
구속될 수도 있는 처지까지 왔는지,
참 딱하다~ 싶습니다.

대중교통 이용할 때 마스크 착용,
이젠 선택이 아닌 필수입니다.

뉴스중계탑, 오늘 여기서 마칩니다.
지금까지 진행에 조재익이었습니다.
고맙습니다.

미시시피
주 깃발

미국의 미시시피주가
과거 남북전쟁 때의 남부연합기 문양이 들어 있는
주 깃발을 바꾸기로
결정했다고 합니다.
노예제의 잔재라는 비판 때문이라는데요.

과거 군국주의의 상징이자 전범기인
욱일기 사용을
여전히 고집하고 있는 일본이
이번 미시시피주 깃발 바꾼다는 뉴스에
흠칫 놀라지 않았을까~ 모르겠습니다.

뉴스중계탑, 오늘 여기서 마칩니다.
지금까지 진행에 조재익이었습니다.
고맙습니다.

대권후보
선호도

얼마 전, 통합당 비대위원장이
'다음 대통령 후보감으로
방송인 백종원 씨가 어떠냐~'고 언급해서
화제가 됐었는데요.

이번엔 차기 대권후보 선호도를 물은
한 여론조사에서
윤석열 검찰총장이 3위를 했다는
보도가 나왔습니다.

출마는 생각도 안 해봤거나
정치인도 아닌 분들이 거명되니,
다음 대선 줄 서서 기다리는 정치인들
'국민이 바라는 게 뭔가?'~
고민할 게 많아지지 않겠습니까?

뉴스중계탑, 오늘 여기서 마칩니다.
지금까지 진행에 조재익이었습니다.
고맙습니다.

최숙현
선수의 유언

철인 3종 경기 국가대표
최숙현 선수가 어머니에게
'그 사람들 죄를 밝혀달라'~는
문자를 남기고
세상을 등졌습니다.
폭행과 폭언 등 학대에 시달려 왔다는 겁니다.

아직도 매 맞으며 운동하는
선수들이 있다는 현실이 놀라운데요.
최 선수가 말한 '그 사람들' 죄,
하루라도 빨리 처벌해야만
대한민국 체육계에서
폭행이니 감질이니
이런 말 다시는 들리질 않을 겁니다.

뉴스중계탑, 오늘 여기서 마칩니다.
지금까지 진행에 조재익이었습니다.
고맙습니다.

추경 민원
예산

35조 원 규모의 3차 추경안 심사 과정에서
의원들이
수백억 원에 달하는
지역구 민원 예산을 끼워넣기 하려다가
논란을 불렀는데요.
코로나19에 어려워진 경제를 살리긴 위해선
빨리 재정을 투입해야 한다는 추경인데,
이 취지가 무색해지는 대목이었습니다.

국회는
의원들이 바뀌어도
생각들은 아니 바뀌나?~
묻지 않을 수 없습니다.

뉴스중계탑, 오늘 여기서 마칩니다.
지금까지 진행에 조재익이었습니다.
고맙습니다.

정세균 총리의
접시론

정세균 총리가 오늘
총리실 우수공무원들에게 상을 줬는데
접시를 줬습니다.
'일을 하다 접시를 깨는 건 인정할 수 있어도,
일을 하지 않아
접시에 먼지 끼는 건 용인할 수 없다'
이런 뜻이 담긴 접시라고 합니다.

철밥통
복지부동
무사안일~
이런 말 듣던 우리 공무원들이고 보면
전체 공무원들에게 다
접시 하나씩 준다면 어떨까요?~

뉴스중계탑, 오늘 여기서 마칩니다.
지금까지 진행에 조재익이었습니다.
고맙습니다.

안희정 전 충남지사의 모친상 빈소에
대통령이 조화를 보낸 것을 두고
비판이 쏟아졌습니다.
'성범죄를 저지른 이에게 대통령 조화가 웬 말이냐?'
이런 겁니다.

상주를 보고 조화를 보냈겠지만
조화야
고인에게 보낸 것으로도 볼 수 있는데요.

그렇더라도,
성범죄에 대해
국민들이 이렇게 엄하고 무겁게 인식하고 있다는 걸
우리 정치인들
이번에 똑똑히 알았으리라~ 생각해 봅니다.

뉴스중계탑, 오늘 여기서 마칩니다.
지금까지 진행에 조재익이었습니다.
고맙습니다.

박원순
'진실의 시간'

고 박원순 시장 장례가 끝나자
이제 '애도의 시간'은 가고
'성찰의 시간' '진실의 시간'이 왔다는
목소리가 커지고 있습니다.

성추문의 피해자가 있는 만큼
진실은 가려보되
2차 피해는 일어나지 않도록
우리 사회
좀 차분~해졌으면 하고
기대해 봅니다.

뉴스중계탑, 오늘 여기서 마칩니다.
지금까지 진행에 조재익이었습니다.
고맙습니다.

6백만 원짜리
마스크

인도에선 한 장에 600만 원이 넘는
보석 박힌 마스크를 쓰고 다니는
부자들이 있나 봅니다.
보석 박혔다고
코로나19가 피해 가지는 않을 텐데요.

코로나19,
부자를 피해 가겠습니까?
권력자를 피해 가겠습니까?
오직 마스크 쓴 이들이나 피해 가지 않겠습니까?

뉴스중계탑, 오늘 여기서 마칩니다.
지금까지 진행에 조재익이었습니다.
고맙습니다.

의료진
감염

박원순 전 시장의 극단적 선택,
백선엽 장군 별세와 장지 논란,
추미애 장관과 윤석열 검찰총장 등등...

우리가 이런 화제와 뉴스에 묻혀 사느라
잊고 있는 게 하나 있는 거 같습니다.

코로나19 방역 최전선에서 애쓰던
의사와 간호사 등 의료진 133분이 감염돼
역시 환자가 됐다는 사실입니다.

그런데 사상 최대라는 이번 추경에도
의료진의 헌신에 보답하는 예산은 없다고 하니

의료진은 섭섭할 것도 같고,
우리는 미안해질 것 같습니다.

뉴스중계탑, 오늘 여기서 마칩니다.
지금까지 진행에 조재익이었습니다.
고맙습니다.

추미애의
훈수

추미애 법무장관이
부동산 대책에 훈수를 뒀다가
'법무부 일이나 신경 쓰라~'는
핀잔을 들었는데요~

누가 뭘 하든
집값 좀 잡았으면~하고
기대하는 국민들
부쩍 는 것 같습니다.

뉴스중계탑, 오늘 여기서 마칩니다.
지금까지 진행에 조재익이었습니다.
고맙습니다.

정은경의
소회

정은경 중앙방역대책본부장이
코로나19 사태 반 년 소회를 이렇게 말했습니다.
"마라톤 10킬로미터를 100미터 달리기하듯
전력 질주한 것 같다."

그런데
아직 마라톤 풀코스 완주하려면
쉬었다 갈 수도
속도를 늦출 수도 없는데요.

우리 국민이 모두 협조해야
100미터 달리기하듯 하는 이 마라톤,
완주가 가능하지 않겠습니까?

뉴스중계탑, 오늘 여기서 마칩니다.
지금까지 진행에 조재익이었습니다.
고맙습니다.

대학
등록금

이제 곧 8월입니다.
대학생 자녀를 둔 부모님들은
등록금 걱정이 태산일 겁니다.
그런데 2학기 등록금을 어떻게 할지
결정한 대학이
아직 한 곳도 없다고
교육부가 밝혔습니다.

우리 대학들
나름대로 고민도 많겠지만요.
다만 얼마씩이라도 등록금 내린다고
결정 서둘러주면
부모님들 한숨 좀 잦아들지 않겠습니까?

뉴스중계탑, 오늘 여기서 마칩니다.
지금까지 진행에 조재익이었습니다.
고맙습니다.

검사장
몸싸움

검사끼리 몸싸움을 벌였다~하는
뉴스들이 쏟아졌습니다.
수사 대상이 된 검사장과
수사 책임자 부장검사,
이른바 고위직 검사들이 그랬다는 겁니다.
난투극 말까지 나오는 걸 보면
몸싸움이라 해도
꽤 심했던 모양인데요.

그 이유가 뭐든,
대한민국 검찰 모습이
초라해지지 않았습니까?

뉴스중계탑, 오늘 여기서 마칩니다.
지금까지 진행에 조재익이었습니다.
고맙습니다.

류현진 선수의
이발

메이저리거 류현진 선수가
머리를 짧게 깔끔히 잘랐다고 합니다.
최근 두 차례 선발 등판에서
경기력이 좀 부진했는데
심기일전하자는 뜻에서
이발했다고 하는데요.

요즘 우리 기상청 기상 예보가
자꾸 틀린다고 말이 나오는데,
기상청의 심기일전도 기대해 봅니다.

뉴스중계탑, 오늘 여기서 마칩니다.
지금까지 진행에 조재익이었습니다.
고맙습니다.

뉴스중계탑,
여기서 마칩니다

장맛비가 여전하고
피해가 늘고 있어서 걱정입니다.
모쪼록 안전에 유의하셔서
건강히 이 여름 나시길 기원합니다.

저는 오늘 작별 인사를 드리게 됐습니다.
2년 가까운 시간,
청취자 여러분들에게
필요한 정보를
핵심을 짚어
좀 더 쉽게 전해드리고자
나름 노력했었는데요.

이제 또 다른 뉴스 현장에서
청취자 여러분과 함께 하겠습니다.

뉴스중계탑, 오늘 여기서 마칩니다.
청취자 여러분, 행복하시길 기원합니다~
지금까지 진행에 조재익이었습니다.
고맙습니다.

클로징 멘트
Closing Remarks

초판 1쇄 인쇄 2023년 5월 30일

지 은 이   조재익
펴 낸 이   이종복
편   집   지영이
펴 낸 곳   (주)하양인

주   소   (04165) 서울특별시 마포구 월드컵북로 22길25
전   화   02-6013-5383 **팩스** 02-718-5844
이 메 일   hayangin@naver.com
출판신고   2013년 4월 8일 (제300-2013-40호)

I S B N   979-11-87077-33-6 (03300)
가   격   18,000원